Analyser les données qualitatives en gestion

Analyser les données qualitatives en gestion

Catherine VOYNNET FOURBOUL

Mentions légales

© 2020 Catherine VOYNNET FOURBOUL
Éditeur : BoD-Books on Demand
12-14 rond-point des Champs-Élysées, 75008 Paris
Impression : Books on Demand, Norderstedt, Allemagne

Illustration : Photo de Matthieu Joannon sur Unsplash

ISBN : 978-2-3221-9320-2
Dépôt légal : janvier 2020

Avant propos

Cet ouvrage a été conçu à partir d'une expérience de l'analyse des données qualitatives en tant que chercheur en gestion. En 1998 lorsque j'ai démarré mes activités de recherche à l'université Lyon III Jean Moulin, j'avais l'intuition qu'une analyse effectuée avec l'aide d'un logiciel permettrait plus de soulagement dans les traitements lourds des données et aussi plus de performance.

J'ai choisi de façon non-conformiste le logiciel NUD*IST qui commençait à se faire connaître dans les milieux anglo-saxons de la recherche et grâce à lui, j'ai pu produire une thèse purement qualitative et profonde. Derrière l'outil, j'ai découvert toute une méthode et toute une épistémologie qui m'ont servi de repère pour la suite de mes travaux scientifiques.

À l'époque il n'existait aucune formation nous préparant à ce type d'analyse, aussi ai-je souhaité combler ce vide, en enseignant ces méthodes auprès des étudiants de l'université Paris II Panthéon Assas et également dans des cursus spécialisés offerts par la FNEGE ou le CEFAG.

Je suis convaincue que l'activité de catégorisation des données qui est fondamentale pour le chercheur, présente aussi bien des avantages pour le professionnel gestionnaire. Et cela est d'autant plus vrai que dorénavant des logiciels d'un usage toujours plus accessible tel que QDA Miner apportent une assistance cruciale dans ce domaine.

Cet ouvrage peut donc se lire pour toutes les personnes qui cherchent à trouver du sens à partir des données d'un terrain qui les intéressent et à se doter de méthodes pour y parvenir.

J'éprouve beaucoup de gratitude pour tous les enthousiastes et promoteurs de ces méthodes : Sébastien Point, Frank Bournois, Stéphane Trebucq, Christian Hartmann, Christian Bourion.

Résumé

L'emploi des méthodes qualitatives suppose des techniques très particulières d'analyse des données centrée sur le codage. Cet ouvrage propose de présenter les fondamentaux du codage dont l'objectif est une construction théorique.

Avec l'arrivée des logiciels sur le marché, les chercheurs et étudiants sont amenés à employer ces outils afin d'augmenter la puissance d'analyse.

L'ouvrage propose d'expliquer ces démarches de codage d'un point de vue théorique et également pratique en proposant trois exemples de recherche.

Pour cela des démarches principalement formalisées par la *grounded theory* ou les approches de Miles & Huberman sont mobilisées tout en laissant une large part de créativité à l'analyste.

Les logiciels eux-mêmes offrent des fonctionnalités différentes en réponse à des besoins variés et très dépendants de la recherche et il est proposé une grille de lecture des logiciels sur le marché.

Cet ouvrage s'adresse au chercheur, à l'étudiant en Master recherche ou professionnel ou en thèse, à l'auditeur entreprenant une recherche qualitative afin de les aider à maîtriser le processus de catégorisation de données riches et non structurées.

Table des matières

1	*Introduction* *13*	
1.	L'analyse de données qualitatives... 14	
1.1	L'analyse de données qualitatives : les courants 15	
	1.1.1 L'examen sous l'angle évolutif 18	
	1.1.2 Les points communs 19	
1.2	Induction analytique 20	
1.3	Le passage aux méthodes de codage 22	
2	*La construction théorique* *23*	
2.1	Grounded theory 24	
	2.1.1 Quelques mots d'histoire................................... 24	
	2.1.2 La méthode de comparaison constante.............. 28	
	2.1.3 L'échantillonnage théorique 34	
2.2	Le codage 40	
	2.2.1 Le codage ouvert.. 40	
	2.2.2 Le codage axial 45	
	2.2.3 Le codage sélectif 48	
	2.2.4 Les mémos.. 49	
2.3	Les travaux de Miles et Huberman 53	
	2.3.1 Définition de l'analyse des données 55	
	2.3.2 La gestion des données 56	
	2.3.3 La réduction des données 58	
	2.3.4 Analyse intermédiaire 59	
	2.3.5 Recherche itérative 60	
2.4	Les stratégies d'analyse et la qualité 61	
	2.4.1 L'oscillation induction déduction...................... 61	
	2.4.2 Les méthodes comparées.................................... 64	
	2.4.3 La qualité et les critères d'évaluation 69	
3	*La part des logiciels* *73*	
3.1	Panorama des logiciels d'analyse 73	

  3.1.1 Les trois types principaux d'analyse 73
  3.1.2 Lien entre analyse et logiciels.................................... 77

3.2 Caractéristique des logiciels................................82
  3.2.1 Les logiciels génériques 82
  3.2.2 Les logiciels dédiés à l'analyse de données qualitatives..85
  3.2.3 L'état de l'analyse de données qualitatives assistée par ordinateur.. 91

3.3 Comparaison de logiciels...................................92
  3.3.1 Quels utilisateurs ?..92
  3.3.2 Chevauchement A.D.Q.A.O. et analyse de contenu 93
  3.3.3 Les interfaces..93
  3.3.4 Le formatage des transcriptions 95

4 *Expériences et illustration d'une démarche de codage............. 99*

4.1 Le cas « management du comité d'entreprise européen »... 99
  4.1.1 Présentation du contexte d'analyse 100
  4.1.2 Le codage ouvert ou l'identification des codes 107

4.2 Le cas de codage axial « solidaire »................................ 121
  4.2.1 Le contexte de ce cas 121
  4.2.2 Un codage ouvert rapide 122
  4.2.3 Un codage axial matriciel 124
  4.2.4 Le storytelling du codage axial................................126

4.3 Les cooccurrences approfondies...................................128
  4.3.1 L'analyse d'un récit...128
  4.3.2 Une analyse duale, déductive et interactive 131

Conclusion.. 140

Quelques sites et logiciels... 144

Bibliographie 145

Liste des figures

Figure 1 : Les orientations de l'analyse des données qualitatives 16
Figure 2 : Affectation des catégories et comparaison 30
Figure 3 : *Organisaction* des catégories 31
Figure 4 : L'échantillonnage théorique en *grounded theory* 38
Figure 5 : Catégorie, propriété et dimension 42
Figure 6 : Modèle paradigmatique de catégorisation 46
Figure 7 : Stratégie d'analyse : codage inductif vs déductif 62
Figure 8 : L'oscillation continue entre induction et déduction 63
Figure 9 : Le mix analytique 67
Figure 10 : Correspondance entre logiciels et type d'analyse 78
Figure 11 : Logiciels et fonction 83
Figure 12 : les opérateurs booléens en image 88
Figure 13 : Les 12 catégories principales du codage 104
Figure 14: Illustration de la première étape de codage 112
Figure 15: Un exemple de codage axial sur la catégorie "information" 113
Figure 16: Codage sélectif – Un réseau conceptuel autour du code "information" 118
Figure 17- La catégorisation des valeurs du récit 132
Figure 18- Analyse des valeurs de grappes par groupes de sept niveaux 134
Figure 19- Combinaison des valeurs et du voyage du héros dans une analyse de cooccurrence 137

Liste des tableaux

Tableau 1 : Les étapes de l'induction analytique 21
Tableau 2 Les stratégies d'échantillonnage en recherche qualitative 36
Tableau 3 : Les documents à conserver en recherche qualitative 57
Tableau 4 : Les différents types de codage inspiré de Flick (1998)..69
Tableau 5 : Les différentes approches pour l'analyse des données qualitatives (Point Bournois Voynnet 2002) augmenté. 74
Tableau 6 : Opérateurs booléens 87
Tableau 7 : Comparaison de 3 logiciels A.D.Q.A.O. 94
Tableau 8 : Tarif de logiciels (consultation 07/01/2020) 95
Tableau 9 : Les conseils généraux de formatage des textes 96
Tableau 10 : L'apport des logiciels Atlas et Nud*ist pour l'analyse des données qualitatives en sciences de gestion 97
Tableau 12 : Fréquence de la catégorie "information" déclinée par propriétés et dimensions selon les fonctions des répondants 114
Tableau 13 : Synthèse des apports du coaching de groupe 125

1 INTRODUCTION

Alors que la recherche quantitative bénéficie traditionnellement d'une reconnaissance académique, la recherche qualitative a plus ou moins fait l'objet d'une forme de suspicion en gestion. En effet à la différence de la recherche quantitative, elle ne permet pas de généralisation si poussée et sa validité a souvent été mise en cause.
Cependant elle connaît un succès qui s'explique par ses avantages : traiter les situations complexes beaucoup mieux que la recherche quantitative qui ne peut intégrer à l'avance les facteurs imprévisibles (Wacheux 1996), véhiculer les expériences relatées à l'aide de mots, sous forme de citation, d'anecdotes d'une histoire racontée qui prennent instantanément une dimension concrète, aisément compréhensible, communicable et facile à mémoriser. Cette dimension vivante est beaucoup plus attirante pour le lecteur et utile à l'enseignant.
Certains des reproches adressés à la recherche qualitative, en particulier le **manque d'explicitations du processus** qui conduit aux résultats tendent à mettre en doute son statut scientifique. Nous nous focaliserons justement sur une partie à notre sens trop souvent occultée qui apparaît comme une sorte de **boite noire** de la méthodologie : **l'analyse des données.** Cette partie de la recherche nous semble d'autant plus pertinente à travailler que la recherche qualitative évolue vers une complexification (recherche multi site, multi méthode, combinaison de recherche qualitative et quantitative, recherche en équipe) et que des outils logiciels d'aide à l'analyse sont offerts sur le marché.
Le but de cet ouvrage n'est pas en conséquence de formuler les mises en garde désormais amplement reprises par la littérature (conduite de l'entretien ou de l'observation, biais du chercheur) mais :

- d'examiner les procédures d'analyse et plus particulièrement de **codage** en faisant le point sur **les courants de recherche** bien connus des milieux académiques anglo-saxons à la lumière de cette partie théorique,
- d'examiner **les outils informatiques** supportant l'analyse de données qualitatives
- enfin **d'illustrer la démarche** à l'aide de témoignages et d'exemples.

Les questions qui sous-tendent cet ouvrage sont les suivantes :

- Comment mène-t-on une recherche qualitative visant à théoriser avec l'assistance d'un logiciel ?
- Quelles sont les stratégies possibles, les questions qui surgiront en particulier dans un contexte de problématique gestionnaire ?
- Quelles sont les particularités, possibilités et limite d'une telle approche ?

1. L'analyse de données qualitatives...

Il existe une très grande variété de techniques d'analyse des données qualitatives. Du reste les tentatives de classification des recherches qualitatives sont très difficiles du fait de leur extrême richesse et de leur caractère évolutif. Par exemple il existe une classification selon les méthodes et stratégies d'approche du terrain et une taxinomie des approches de la recherche qualitative qui met l'accent sur les intentions de la recherche (Tesch 1990). Il est de fait que ces taxonomies présentent l'avantage d'aider les nouveaux venus dans le champ de la recherche qualitative à mieux cerner son étendue et ses possibilités. C'est pourquoi nous présentons une taxonomie en soulignant toutefois les risques d'obsolescence d'une telle tentative.

1.1 L'analyse de données qualitatives : les courants

Cette taxonomie présentée dans la figure 1 sépare deux courants : l'analyse de contenu et la construction théorique. Précisons que le sens attribué à l'analyse de contenu diffère entre la recherche française ou anglo-saxonne. L'analyse de contenu dans la littérature française est un ensemble de différentes méthodes (Bardin 1998) (Thietart 1999), mais n'est pas assimilable au terme anglo-saxon « *content analysis* ». En effet, selon l'ouvrage de référence en la matière (Weber 1990), la « *content analysis* » est l'équivalent en France de l'analyse lexicologique. L'analyse lexicologique ou lexicométrique constitue une méthodologie pertinente pour détecter des structures à la fois apparentes et sous-jacentes d'un texte (Lebart, Salem, 1991). La statistique lexicale occupe une part non négligeable en sciences de gestion. La recherche en France s'est d'ailleurs nettement investie sur ce terrain alors que les Anglo-saxons ont privilégié depuis longtemps d'autres approches que nous allons développer.

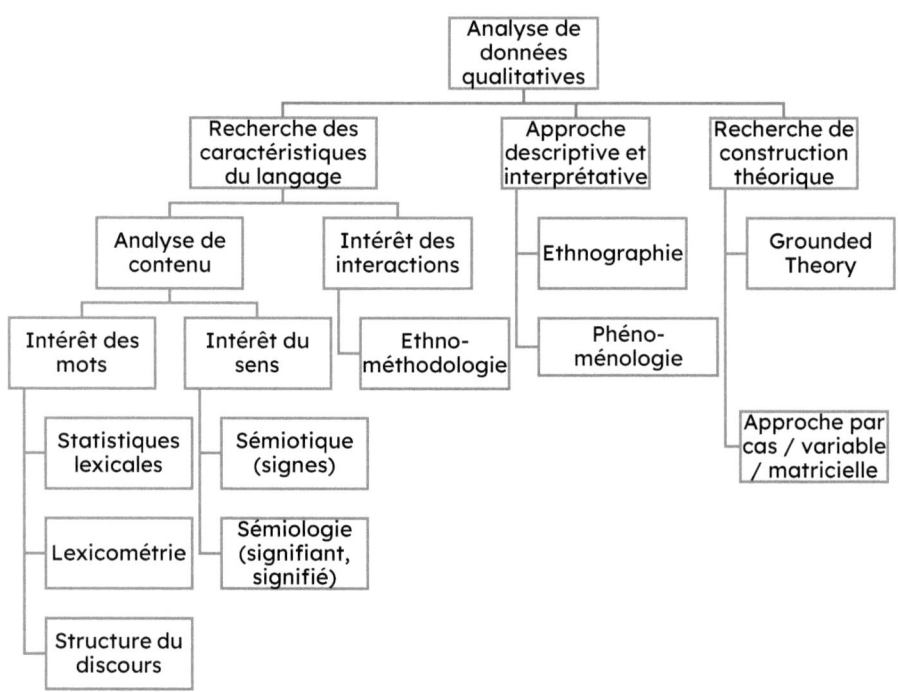

Figure 1 : Les orientations de l'analyse des données qualitatives

Dans les ouvrages anglo-saxons de méthodologie qualitative, la « *content analysis* » est présentée comme une méthodologie, dont l'objet n'est pas de prendre en compte la contextualisation (Denzin, Lincoln, 1998, p. 248) ; le chercheur lit, compte et catégorise des mots issus d'un corpus textuel (Fielding, Lee, 1998, p. 52). La « *content analysis* » peut figurer comme une analyse intermédiaire, complémentaire s'intégrant dans une analyse plus vaste. C'est la raison pour laquelle Weber (1990) insiste sur la nécessité de considérer le contexte (signifié) afin de lever toute ambiguïté inhérente au discours. Cette démarche se résume ainsi essentiellement à identifier des éléments pour les classer par catégorie.

Mais en France, l'analyse de contenu (traduction littérale de « *content analysis* »), renvoie à des démarches plus englobantes. Par exemple selon Thietart (1999), l'analyse de contenu permet de dépasser la simple description du contenu d'une communication et d'expliquer certaines stratégies notamment au niveau comportemental (p. 463). A la lecture de l'ouvrage majeur de Bardin (1998) sur l'analyse de contenu, nous assimilons celle-ci à une méta-méthodologie, qui oriente le chercheur vers la construction de logiques à la fois au niveau de la **structure du discours** (occurrences et cooccurrences de mots) et au niveau du contenu de celui-ci (**analyse thématique**).

Cependant l'objet de cet ouvrage n'est pas de se concentrer sur l'analyse de contenu,
- ni dans sa définition anglo-saxonne car le mode d'analyse nous paraît mécanique et un peu restrictif dans la mesure où il ne permet pas d'intégrer suffisamment le caractère processif de la construction théorique
- ni dans sa version française du fait du flou résultant d'une définition actuelle devenue très extensive.

Rappelons que Miles et Huberman (1994 p. 44) situent l'analyse de contenu comme l'une des 14 utilisations des programmes d'analyse informatiques. Autrement dit la « *content analysis* » peut aussi être considérée comme un outil de la construction théorique et non pas comme un terme générique qui en fait une fin en soi. Nous souhaitons au contraire rendre compte du courant de la construction théorique qui gagne en diffusion en France dans la perspective proposée ici.

1.1.1   L'examen sous l'angle évolutif

Avant de faire référence à la construction théorique et à ses méthodes, il nous paraît utile de situer une perspective distinguant différents courants. Denzin & Lincoln (1994, pp. 6-11) ont différencié cinq périodes dans l'évolution de la recherche qualitative :
la période **traditionnelle** du début du 20ème siècle jusqu'à la seconde guerre mondiale : elle est marquée par les recherches de Malinowski (1916) en ethnographie et l'école de Chicago en sociologie. Il faut signaler que la recherche en gestion étant une discipline très jeune, fait des emprunts à d'autres disciplines comme la sociologie. L'accent est mis sur l'interprétation ; Malinowski (1916) explique que le travail de terrain consiste seulement et exclusivement à interpréter la réalité sociale chaotique en la subordonnant à des règles générales.
La phase **moderniste** jusque dans les années 70 est marquée par des tentatives de formalisation des méthodes qualitatives et d'une rigueur qui s'exprime d'un côté avec Becker et al. (1961), d'un autre avec Glaser et Strauss (1967). Ce courant évolue encore de nos jours avec Strauss et Corbin (1998).
Le **genre flou** (1970-1986) : Le chercheur emploie et combine des méthodes, des paradigmes et des stratégies variés. Les paradigmes peuvent concerner l'interactionnisme symbolique, le constructivisme, l'enquête naturaliste, le positivisme le post-positivisme, la phénoménologie, l'ethnométhodologie,

l'approche critique marxiste, la sémiotique, le structuralisme et le féminisme.

La crise de la **représentation** introduit une interrogation sur le statut épistémologique des connaissances et se produit dans le milieu des années 80. Des problèmes comme la validité, la fiabilité et l'objectivité deviennent centraux. La recherche qualitative devient un processus continu de construction de versions de la réalité. Le passage du travail de terrain à l'écriture des résultats de la recherche suppose une sélection des données effectuée selon des critères telle que la relation du chercheur à son objet de recherche ; le sens attribué au texte issu du terrain est d'ailleurs fonction de cette relation. (Clandinin Connelly pp. 150-178 in Denzin & Lincoln 1994).

Le 5ème moment est caractérisé par la **force des récits** : les théories sont lues en des termes narratifs comme des contes du terrain. La conception du chercheur solitaire est abandonnée au profit de recherches plus orientée vers l'action et la critique sociale ; la portée des théories est également plus tournée vers le local, le spécifique que le général.

1.1.2 Les points communs

Après avoir montré les contrastes entre les différents courants, il s'agit maintenant de nous pencher sur ce qui malgré tout peut rassembler les tenants de la recherche qualitative assistée par ordinateur. C'est sans doute la partie de l'analyse qui permet d'établir des points communs. Certains points communs des méthodes analytiques d'ailleurs ont été relevés par Miles et Huberman (p. 9 1994) :

- coder les notes de terrain tirées de l'observation ou d'entretien
- noter des réflexions ou autres remarques dans la marge

- trier les matériaux pour identifier des similarités (phrases, relations entre variables, modèles, thèmes, différences entre sous-groupes)
- isoler des modèles par grandes étapes de collection de données
- graduellement élaborer un ensemble de généralisations portant sur les éléments consistants décelés dans la base de données
- confronter ces généralisations à un corps formalisé de connaissances en forme de construit ou de théorie.

Afin de mieux comprendre les techniques analytiques et donc de mieux cerner les besoins en termes de réponses logiciel, examinons les phases marquantes et les grands principes de ces techniques.

1.2 Induction analytique

Le terme d'induction analytique vient de Florian Znaniecki (1934). L'induction analytique présente des analogies avec la méthode expérimentale et cherche à produire des énoncés universels sur des phénomènes sociaux. De tels énoncés se rapportent aux caractéristiques essentielles d'un phénomène social en identifiant les conditions toujours associées à ce phénomène. Un énoncé universel affirme qu'un phénomène ne se produit qu'en présence de ces conditions. Si ces conditions sont absentes, il ne se produit pas. L'induction analytique est une **méthode d'interprétation systématique des événements, qui comprend le processus d'émission et de test d'hypothèses.** La caractéristique décisive de cette approche tient dans l'analyse de l'exception.

Fielding & Lee (1998) reprennent un exemple d'énoncé universel : la **théorie de la dépendance à la drogue** de

Lindesmith (1968) qui affirme que les individus deviennent dépendants quand les conditions suivantes sont réunies :
- ils utilisent de la drogue
- ils ressentent de la souffrance lors d'un retrait de la drogue
- ils identifient le symptôme de souffrance
- ils reconnaissent un soulagement par la prise de drogue
- ils prennent de la drogue et sont soulagés

L'auteur considère sa théorie comme universelle quelles que soient les cultures, les origines sociales des individus. Parce que les énoncés produits par l'induction analytique sont universels, les cas négatifs sont importants puisqu'ils provoquent la remise en cause des hypothèses ou la modification de l'énoncé universel. Les cas déviants sont donc intégrés dans une démarche par étape Cf. Tableau 1.

1 - Identification brute du phénomène que l'on veut expliquer
2 - Formulation d'une définition
3 - Formulation d'une hypothèse expliquant le phénomène
4 - Etude d'un cas à la lumière de l'hypothèse
5 – On se demande : « les faits coïncident-ils avec mes hypothèses ? »
6 - Si oui, on passe au cas suivant ; si non, on redéfinit le phénomène ou on reformule l'hypothèse
7 – On continue la phase 6 jusqu'à une solution universelle

Tableau 1 : Les étapes de l'induction analytique

L'induction analytique a fait l'objet de critiques quant à son adaptation pratique ; dans la pratique on s'intéresse aussi aux cas pour lesquels le phénomène est absent. Ainsi l'analyste sera sûr qu'il n'existe pas de cas pour lesquels les conditions universelles supposées soient en fait associées à l'absence du phénomène. Lindesmith par exemple a étudié les patients d'hôpitaux qui ont reçu de la drogue pendant une longue période (condition de la présence du phénomène) mais qui ne sont pas devenus dépendants (absence de phénomène).

L'induction analytique a été éclipsée par la popularité croissante des approches analytiques comprenant le codage de données textuelles issues des entretiens ou notes de terrain. Néanmoins le processus itératif – succession de cycle de questions et réponses- permettant de déceler des régularités est intégré dans nombre des approches suivantes.

1.3 Le passage aux méthodes de codage

Comme le remarque Fielding et Lee (1998), les procédures de codage étaient inconnues des sociologues issus de la tradition de l'école de Chicago. Il semble que l'on utilisait des résumés de cas attachés à l'ensemble du cas. Le terme de codage apparaît en 1937 lors d'une étude de marché pour désigner le classement des réponses à des questions ouvertes. En 1940 ce terme est étendu à l'analyse des données issues d'entretiens semi-structurés. Après la guerre, les chercheurs commencent à employer les termes de « codes », « codage » « coder ».
Howard Becker et alii (1961) avec « *Boys in White* » marquent cette époque ; en effet leurs travaux constituent une tentative rigoureuse défiant l'équivalent quantitatif. A cette époque ils ont cherché à partir de méthodes combinant d'une part, des entretiens ouverts et structurés d'autre part, de la participation observation, à analyser minutieusement leurs matériaux de façon standardisée et statistique. Afin de déjouer le scepticisme entourant leur recherche, les auteurs se sont efforcés de rendre explicite la procédure et la logique de ce qu'ils faisaient. Selon eux le manque de procédures systématiques en recherche qualitative incline les chercheurs

à user de données anecdotiques. Ils ont proposé comme alternative, une séquence systématique de procédures en vue de produire des propositions analytiques véritablement justifiées. Sans doute ce désir de rigueur qui caractérise les chercheurs de cette époque fait dire à Denzin et Lincoln (1998, p 16), qu'ils intègrent la phase moderniste de la recherche qualitative.

L'analyse nécessite l'emploi d'un résumé continu du matériel de notes de terrain. Ces résumés de notes de terrain sont ensuite codés de façon lâche. A la différence du codage des questions ouvertes des enquêtes quantitatives, ce codage n'a pas besoin de satisfaire les conditions exigeant que les catégories soient exhaustives et mutuellement exclusives. Ces conditions sont justifiées dans les approches quantitatives puisqu'il s'agit de transformer le matériau des questions ouvertes en unités standardisées. Au contraire en recherche qualitative, le codage n'utilise **pas de catégorie prédéfinie théoriquement** afin d'éviter une fermeture analytique prématurée. Cette approche présente des analogies avec l'induction analytique : le caractère séquentiel, un perfectionnement successif du modèle initial, la recherche de cas négatif. Cependant elle s'en écarte dans la mesure où son objet n'est pas la recherche d'énoncés universaux.

2   LA CONSTRUCTION THEORIQUE

La construction théorique est un ensemble vaste qui se concentre sur des processus aboutissant à des résultats théoriques divers : une théorie, un ensemble de concepts organisés, une typologie (Doty 1994). Par «concept», on peut entendre une notion plus générale, moins bien spécifiée, qui capture les qualités qui décrivent ou expliquent un phénomène d'intérêt théorique. Les concepts sont les précurseurs des construits pour donner un sens au monde organisationnel - que ce soit en tant que praticiens vivant dans ces mondes, chercheurs essayant de les étudier ou théoriciens travaillant pour les modéliser (Gioia & alii 2013).

La conceptualisation est le processus par lequel nous transformons des thèmes ou idées issus de notre recueil de données en des concepts destinés à un système plus abstrait de connaissances tandis que la codification est une opération qui consiste à transformer des données brutes (faits observés, paroles recueillies...) en une première formulation qui contient du sens (banal, in vivo, proche du sens commun) (Mucchieli 1996).

2.1 Grounded theory

2.1.1 Quelques mots d'histoire

Si Becker et Geer (1960) ont introduit le terme de codage en recherche qualitative, sa popularisation doit à Glaser et Strauss (1967) et leur ouvrage fondateur « *the discovery of Grounded theory* ». Les buts de cet ouvrage sont :
- d'offrir un raisonnement pour une théorie fondée empiriquement et développée par interaction avec les données collectées durant le projet de recherche.
- De suggérer la logique et la spécificité des théories fondées
- De légitimer les recherches qualitatives soignées.

La « *grounded theory* » est une méthodologie générale visant à développer une théorie qui est fondée dans des données systématiquement recueillies et analysées. Les théories évoluent au cours de la recherche par jeu continu entre analyse et collection de données. A l'origine, Glaser et Strauss (1967) ont tenté de s'écarter de la voie classique à l'époque qui consistait à tester des théories ; en effet peu de méthodes alors envisageaient la production d'hypothèses et la génération de concepts à partir des données empiriques. Les recherches qualitatives présentaient alors des faiblesses scientifiques sur le plan de leur reproductibilité et étaient reléguées par des personnes comme Stouffer et Lazarsfeld au rang de travaux préliminaires et exploratoires des recherches quantitatives. Glaser et Strauss avancent une alternative au courant fonctionnaliste et structuraliste (Parsons, Merton, Blau). Ils proposent donc de rationaliser la construction théorique à partir des données empiriques à l'aide de méthodes comme par exemple la comparaison constante des données. La tradition qualitative jugée incapable de vérification occupe à l'époque un statut de plus en plus faible au sein de la sociologie.

Ces méthodes ont par ailleurs évolué avec le temps et les expériences de différents chercheurs. Elles présentent des similarités avec d'autres modes de recherche qualitative : les entretiens, les observations du terrain, les documents de toutes sortes (journaux du chercheur, lettres, biographies, journaux de presse), les documents sonores, audiovisuels. Cependant elles présentent aussi des spécificités : l'accent est mis sur le <u>développement théorique</u> ; plus particulièrement il s'agit de théories substantives plutôt que de théories formelles. Glaser et Strauss définissent la théorie substantive dans son orientation empirique et la théorie formelle dans son orientation conceptuelle.

La *grounded theory* n'est pas déductive comme le sont les processus de théorisation de niveau plus général (Strauss Corbin 1998 p. 161). La **vérification** des hypothèses (énoncé de relations entre les concepts) a lieu tout au long de l'analyse et non pas par une procédure finale quantitative. La densité conceptuelle fait référence à la richesse du développement des concepts et des liens entre les concepts qui sont vérifiés systématiquement avec les données. On pourrait rapprocher la densité conceptuelle avec les « *thick descriptions* » de Geertz qui mettent l'accent davantage sur la description que la conceptualisation. La *grounded theory* se distingue aussi par les procédés d'échantillonnage et de codage systématique. En 1990, Strauss et Corbin ont proposé leur matrice conditionnelle permettant de positionner des conditions en fonction de leur niveau par rapport au phénomène faisant l'objet de la recherche.

La publication aux Etats-Unis et au Royaume-Uni de « *The Discovery of Grounded Theory* » en français : **la découverte de la théorie fondée,** fait des émules en particulier dans la sociologie médicale, domaine d'origine des premières monographies. Cependant ces procédures gagnent d'autres domaines comme l'anthropologie, la psychologie et la gestion. Elles sont également combinées à d'autres en particulier, aux méthodes quantitatives. Strauss et Corbin (1998 p 164) remarquent que comme pour toute méthodologie générale, la pratique de la *grounded theory* varie selon les spécificités du champ d'investigation, les buts de la recherche, les contingences qui surviennent tout au long du projet et peut-être aussi le tempérament et les dons ou faiblesses du chercheur. C'est ainsi que des chercheurs combinent par exemple des données historiques avec des données issues d'entretien et de travaux de terrain, ou encore des données documentaires complétées par des entretiens ou des observations. Les chercheurs inventent des procédures spécifiques afin de s'adapter aux circonstances de leur propre processus de conceptualisation ; c'est pourquoi **il existe une part importante d'adaptation de la *grounded theory*.** Par ailleurs les courants de la sociologie comme l'ethnométhodologie, le féminisme, l'économie politique et le post-modernisme influencent les modes d'analyse.

Bien que les fondements de la *grounded theory* restent clairs, il devient petit à petit plus difficile d'en donner un exposé succinct. Avec le temps des décalages se sont produits et de nouvelles terminologies émergent. Glaser par exemple reproche à Strauss d'abandonner la méthode de comparaison constante au profit d'un système de génération d'analyse. On constate qu'un grand nombre de travaux se réclament de la *grounded theory* tout en s'écartant de ses principes originels, sans doute à cause de l'attractivité du label « *grounded theory* » et aux intentions de légitimité que souhaitent obtenir les chercheurs, peut-être aussi parce que les alternatives à la *grounded theory* n'ont pas été suffisamment exposées. Lee & Fielding relèvent parmi un index répertoriant des études qualitatives exécutées à l'aide d'un logiciel que seulement 30% font référence à la *grounded theory*. Les autres en appellent aux travaux de Miles & Huberman, Patton, Lincoln & Guba, Spradley.

On retiendra donc trois modes opératoires dans la *grounded theory* :
- Phase #1 (1960) classique : hypothèse d'une réalité externe que le chercheur peut découvrir, découverte de catégories qui émergent des données empiriques afin d'analyser un processus social basique
- Phase #2 (1990) pragmatique ; apparition de l'interprétation et de la subjectivité et de l'orientation de la méthode vers une vérification
- Phase #3 (2000) constructiviste : de multiples réalités sociales coexistent, les données sont construites de façon interactive entre chercheur et participant

Malgré ces distinctions, il reste que cette méthode de codage offre aux chercheurs un accès nuancé aux pensées, perspectives et réactions des répondants à l'étude du sujet (Williams & Moser 2019).

2.1.2 La méthode de comparaison constante

Elle est décrite dans le chapitre 5 de l'ouvrage initial. Glaser et Strauss (1967) discernent tout d'abord deux modalités de l'analyse des données :
- L'analyste souhaitant convertir des données qualitatives en forme grossièrement quantifiable afin de tester une hypothèse, code d'abord les données et les analyse ensuite
- L'analyste qui souhaite produire des idées théoriques sous la forme de nouvelles catégories, hypothèses et lien entre hypothèses ne peut se confiner au premier procédé car il « re-conçoit » constamment et réintègre des notions théoriques lorsqu'il examine son matériau. Il inspecte ses données simplement pour déceler de nouvelles catégories et écrire des mémos à propos de leur propriété.

La troisième approche suggérée par Glaser et Strauss consiste à combiner les deux premières à l'aide de la **méthode de comparaison constante**. Le but de ce codage superposé étant de produire des théories de façon plus systématique en utilisant un codage explicite et des procédures analytiques. A la différence de l'induction analytique, la méthode de comparaison constante s'applique à produire de nombreuses catégories, propriétés et hypothèses sur des problématiques générales. Certaines de ces propriétés peuvent être des causes (comme c'est le cas en induction analytique) mais à la différence de l'induction analytique, elles peuvent être aussi des conditions, des conséquences, des dimensions, des types, des processus, etc. Parce que le but n'est pas de prouver et d'obtenir un énoncé à valeur universelle, **le critère de**

validation sera la saturation des données et non pas la considération de toutes les données disponibles. La méthode de comparaison constante est décrite en quatre étapes :
1. comparer les incidents applicables à chaque catégorie
2. intégrer les catégories et leurs propriétés
3. délimiter la théorie
4. écrire la théorie.

Comparer les incidents applicables à chaque catégorie

L'analyste commence par coder chaque incident dans ses données en autant de catégories d'analyse que possible, soit qu'une catégorie nouvelle émerge, soit qu'une donnée corresponde à une catégorie existante.

Le terme **'incident'** n'est pas défini mais Becker et Geer (1960) le considèrent comme une **expression verbale achevée d'une attitude ou d'actes achevés d'un individu ou d'un groupe.** Pratiquement le codage consiste à affecter des catégories dans la marge de notes de terrain ou de transcription d'entretien ou de tout document de recherche. Dans la figure suivante, nous faisons apparaître des catégories créées les unes à la suite des autres (par huit fois, des catégories sont affectées aux trois incidents).

L'une des premières règles consiste à **effectuer pendant le codage d'un incident pour une catégorie, une comparaison avec les incidents précédents affectés de la même catégorie.** Ce qui signifie pratiquement que l'on ne devrait pas coder un incident avant de l'avoir comparé aux incidents que l'on a déjà codé de la même façon, sans faire ces retours en arrière et prendre le temps de la réflexion.

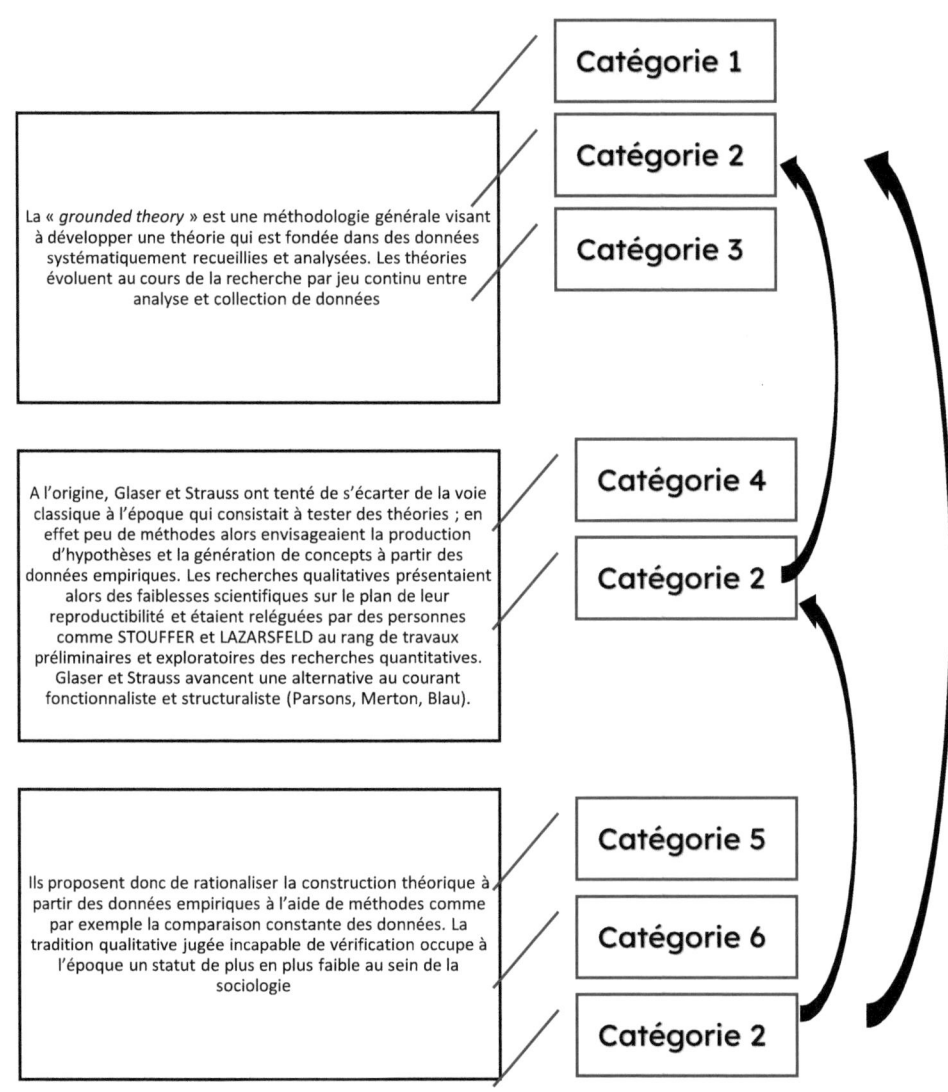

Figure 2 : Affectation des catégories et comparaison

Pour permettre de comprendre la comparaison constante, il est proposé de visualiser la comparaison, ici sur des paragraphes de texte qui font office d'incident. Il s'avère que la comparaison des unités de texte permet d'obtenir des informations à propos de la catégorie 2 qui apparaît dans les trois unités de texte, et de la catégorie 4 qui apparaît dans les deux dernières unités de texte.

Cette comparaison constante des incidents apporte très vite des propriétés théoriques à la catégorie considérée. En effet on s'interroge à propos de la catégorie : quel est l'ensemble des types de la catégorie, quelle est la nature du continuum, ses dimensions, les conditions sous lesquelles elle est prononcée ou au contraire minimisée, ses conséquences majeures, ses relations aux autres catégories et autres propriétés ? Ce processus relève de l'action d'organiser les catégories.

Par exemple dans la figure suivante, la catégorie 4 affectée par deux fois dans cet exemple constitué de trois paragraphes apparaît être une propriété tandis que les catégories 2 et 5 constituent des dimensions de cette catégorie.

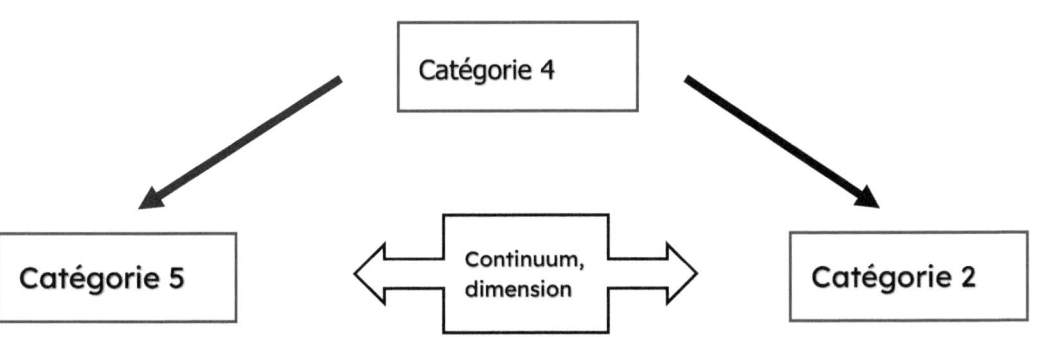

Figure 3 : *Organisaction* **des catégories**

Voir également Figure 5 : Catégorie, propriété et dimension afin d'observer la structuration des catégories.

Au fur et à mesure que les catégories émergent, se détachent deux types de catégories : celles qui sont construites par l'analyste lui-même, et sont fonction du langage de la recherche en gestion, et celles qui sont dérivées du langage de la situation de recherche. Glaser et Strauss prennent l'exemple des infirmières qui évoquent la peur de perdre leur sang-froid lorsqu'elles évoquent la façon dont elles se comportent face à la mort d'un patient. « Sang-froid » devient alors un **code in vivo**. Comme la théorie se développe, l'analyste note que les conceptualisations à partir des situations substantives tendent à être des termes couramment employés dans les comportements devant être expliqués, alors que les concepts construits par l'analyste tendent à être plutôt des explications. Par exemple, la perception par l'infirmière de la perte sociale d'un patient mourant affectera (explication) la manière de garder son sang-froid (comportement) en sa présence.

Ce processus de retour en arrière provoque un ensemble de questionnements, un bouillonnement de pensées conflictuelles de l'analyste. Celui-ci observera une deuxième règle : **arrêter de coder et enregistrer un mémo à propos de ses idées.**

Intégrer les catégories et leurs propriétés

Au fur et à mesure du codage, l'unité de comparaison passe de la comparaison des incidents entre eux, à la comparaison de l'incident avec les propriétés de la catégorie résultant de la comparaison initiale des incidents. Les catégories sont clarifiées et les propriétés intégrées. Pour reprendre l'exemple des infirmières, Glaser et Strauss montrent que leur perception de la perte sociale est liée à une évaluation en fonction de l'âge des patients. Le calcul de la perte sociale et l'histoire de la perte sociale sont liés à la stratégie de l'infirmière pour faire face à l'impact émotionnel suscité par la mort d'un patient.

Délimiter la théorie

Au fur et à mesure du codage, la théorie se développe de façon délimitée. La théorie se solidifie dans le sens que les modifications majeures se raréfient lors des comparaisons. Les modifications consistent plutôt à clarifier les logiques, à exclure les propriétés non pertinentes, à simplifier et réduire. La réduction signifie ici, que l'analyste peut **découvrir des uniformités sous-jacentes** dans l'ensemble original des catégories ou de leurs propriétés et peut formuler la théorie avec un petit ensemble de concepts de haut niveau.

La réduction est ici un processus d'abstraction et de généralisation des catégories qui permet d'envisager le passage d'une théorie substantive à une théorie formelle. Une **théorie substantive** de la manière dont les infirmières gardent leur sang-froid professionnel face aux personnes mourantes avec des degrés variables selon la perte sociale, pourrait être généralisée en une théorie formelle qui serait par exemple une théorie sur la façon dont des professionnels rendent services en fonction de la valeur sociale de leurs clients. Glaser et Strauss montrent les élargissements possibles de leur théorie soit par extension à des groupes de personnes (infirmières ou patients) soit par déplacement vers d'autres zones professionnelles. La **réduction** implique d'une part une parcimonie des variables parvenant à un pouvoir explicatif maximum et d'autre part une portée extensive à une vaste série de situations.

La limitation de la liste des catégories est la saturation théorique. Après qu'un analyste a codé des incidents avec la même catégorie un certain nombre de fois, il s'aperçoit facilement si les incidents suivants comportent des éléments nouveaux. Si c'est le cas, il procède à la comparaison des incidents, sinon, l'incident n'a pas besoin d'être codé parce qu'il n'apporte rien à la théorie. Seuls les cas négatifs sont alors traités afin d'enrichir et préciser la théorie.

Lorsque de nouvelles catégories émergent après quelques centaines de pages de codage, se pose la question de reprendre le codage depuis le début. En fait pour les grandes études, l'analyste se contentera de poursuivre le codage là où les nouvelles catégories ont émergées afin de poursuivre la saturation théorique. Seulement si celle-ci n'est pas obtenue, l'analyste recodera et retravaillera ses catégories à la condition que cela soit central pour sa théorie.

Ecrire la théorie

A ce stade l'analyste dispose de données codées, d'une série de mémos et d'une théorie. Les discussions au sein des mémos fournissent le contenu de catégories qui deviennent majeures. L'écriture passera donc par le rassemblement des mémos et leur analyse. On peut revenir ensuite aux données pour valider un point, localiser des données derrière une hypothèse, montrer des brèches dans la théorie et fournir des illustrations.

2.1.3 L'échantillonnage théorique

L'échantillonnage théorique est le processus de collection des données en vue d'une construction théorique par lequel, l'analyste collecte, code, analyse les données et décide quelles autres données devront être collectées. Jetons un regard sur l'échantillonnage en recherche qualitative afin de mieux comprendre l'originalité et la spécificité des techniques prônées par la *grounded theory*.

Les stratégies générales d'échantillonnage

Le problème de l'échantillonnage se pose lorsque le chercheur se demande qui interroger ; cependant même dans le cadre d'une analyse portant sur un cas unique comme une entreprise, des choix restent à faire quant aux personnes à interroger (quels services, quelle fonction, quels niveaux, quelle localisation, quelle ancienneté, quel sexe, quelle catégorie…). Les principes de triangulation énoncés par Denzin (pp. 46-47 1998) mettent l'accent sur le choix de l'échantillon qui doit intégrer des sources de données variées, différenciées selon le temps, l'espace et les personnes.

Parce que le codage est une opération minutieuse et longue comprenant lecture, relecture et comparaison, les analystes tendent à opter pour un échantillon dont la **taille moyenne est de 35** (Lee & Fielding 1998).

Type d'échantillonnage	Intention
Echantillonnage théorique *Grounded theory*	Trouver des exemples d'un construit théorique et l'examiner jusqu'à saturation
Cas extrême	Utilisation d'un cas déviant ou extrême opposé aux autres afin de couvrir l'étendue d'un champ
Cas typique	Montre ce qui est normal ou ce qui se passe dans la majorité des cas
Variation maximum	Intègre quelques cas très contrastés de façon à faire le point sur l'étendue des variations et identifier des commonalités
Intensité	Cas riche en information qui manifeste le phénomène intensément mais pas de façon extrême
Cas critique	Les relations étudiées ici sont particulièrement claires aux yeux des experts. Permet une confirmation

Cas sensible - cas politique	Attire l'attention désirée ou évitement des cas explosifs mettant en danger le programme de recherche
Convenance	Economise du temps, de l'énergie de l'argent mais parfois au détriment de l'information et de la crédibilité
Sélection primaire	Qualité de l'informateur (connaissance, expérience, capacité à réfléchir, disponibilité, volontaire pour participer)
Sélection secondaire	L'un des critères de la sélection secondaire n'est pas rempli (utilisable seulement si la sélection primaire n'est pas possible)
Boule de neige et enchaînement	Identifie les personnes par des informateurs
Aléatoire	Ajoute de la crédibilité à l'échantillon quand la population ou l'échantillon potentiel est trop large
Stratification	Prend en compte les sous-groupes et facilite les comparaisons
Critère	Tous les cas sont choisis selon un critère : utile pour la qualité
Opportuniste	Tient compte de l'inattendu, s'adapte
Combinaison de stratégies	Triangulation, flexibilité correspond à des intérêts et besoins multiples

Tableau 2 Les stratégies d'échantillonnage en recherche qualitative

Ils évitent les tailles d'échantillon trop grandes qui ne permettent pas le travail en profondeur que nécessitent les opérations de codage théorique. Finalement les **présupposés de la** *grounded theory* portent sur une forte réticence à collecter plus de données que nécessaire et une volonté d'aller en **profondeur** pour déceler l'information pertinente où qu'elle soit.

Le choix des groupes de comparaison

Le processus de collection des données en *grounded theory* s'établit en fonction de l'émergence théorique. Le critère de base de sélection des groupes de comparaison est la pertinence théorique pour favoriser le développement des catégories émergentes. Le chercheur choisit les groupes qui lui permettront le mieux de développer le plus possible de catégories et de propriété. Il n'y a pas d'ensemble prédéfini prescrit et définitif comme c'est le cas des approches dont l'objet est la vérification ou la description. Afin qu'un groupe puisse être inclus dans l'ensemble prévu, le groupe doit avoir suffisamment de caractères en commun avec les autres groupes.

La saturation théorique

Les principes de la *grounded theory* impliquent que le chercheur ne sait pas d'avance quel sera le nombre et le type de groupes d'où il va tirer ses données tant que sa recherche n'est pas terminée. Il ne peut les dénombrer qu'une fois la recherche entière terminée. Le critère qui indique la fin de l'échantillonnage est la saturation théorique. Rappelons que la saturation signifie **qu'aucune donnée additionnelle ne peut être trouvée avec laquelle on puisse développer des propriétés de la catégorie.** En recherchant la saturation, l'analyste maximalise les différences dans son groupe afin de rendre possible une plus grande variété des données et donc un enrichissement des propriétés.

La saturation ne peut être obtenue par l'examen d'un seul incident dans un groupe. L'étude d'un groupe permet d'obtenir quelques catégories et propriétés. De même l'étude de groupes similaires permettra de conforter ou d'additionner quelques autres catégories et propriétés et de faire émerger le commencement d'une théorie. Cependant, pour saturer les catégories, il faudra maximiser les différences parmi les groupes.

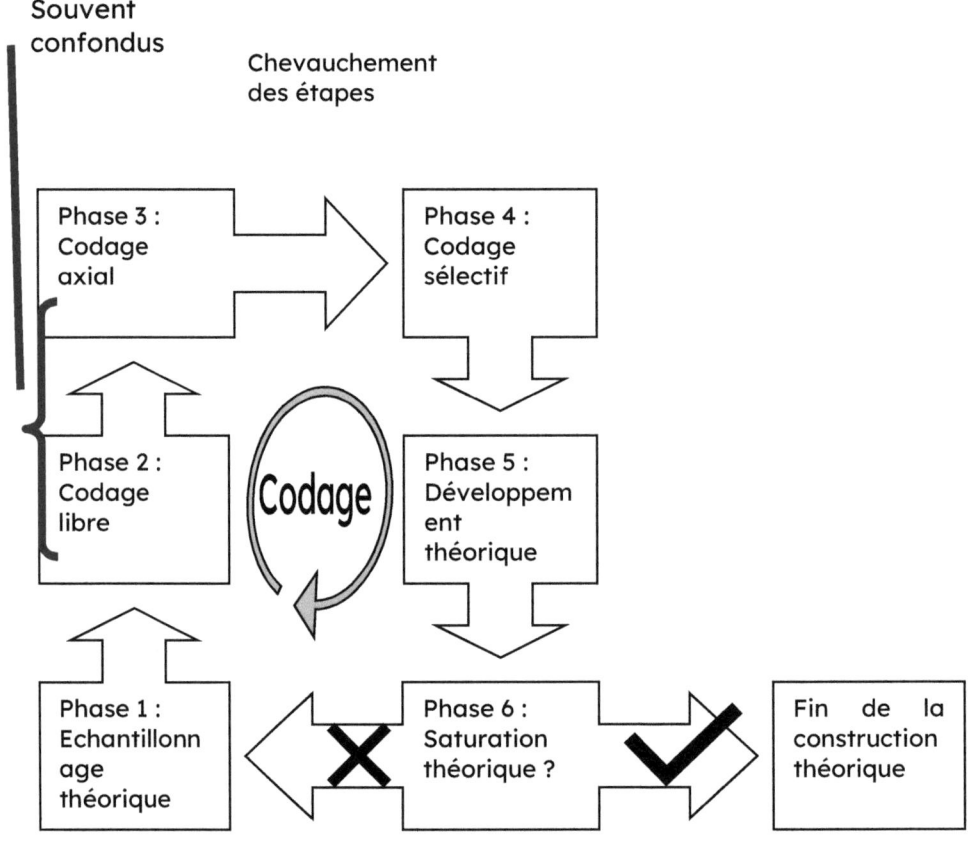

Figure 4 : L'échantillonnage théorique en *grounded theory*

L'échantillonnage théorique se différencie de l'échantillonnage statistique. En effet l'échantillonnage théorique est effectué dans le **but de découvrir des catégories et leurs propriétés et de suggérer leur interrelations au sein d'une théorie,** alors que l'échantillonnage statistique est fait pour obtenir une preuve de la répartition des personnes parmi les catégories afin de produire des descriptions ou des vérifications. L'échantillonnage théorique adéquat est évalué sur la base de la diversité et de l'étendue avec lesquelles l'analyste choisit ses groupes pour saturer ses catégories. L'échantillonnage statistique adéquat est, lui, évalué sur la base des techniques d'échantillonnages aléatoires ou stratifiés en fonction de la structure sociale du groupe échantillonné. Dans l'échantillonnage théorique, on suppose que les relations découvertes au sein d'un groupe sous certaines conditions, seront probablement les mêmes dans d'autres groupes, sous les mêmes conditions. Cette hypothèse de persistance est réfutable mais ne nécessite pas d'être prouvée. **Seuls le renversement ou la disparition d'une relation sera considérée comme une découverte importante** dans la mesure où ils modifient la théorie. La profondeur de l'échantillonnage théorique fait référence à la somme de données collectées sur un groupe et une catégorie. Dans les études de vérification et de description, il est typique de rassembler le plus de données possibles sur le groupe. L'échantillonnage théorique, au contraire ne nécessite pas la plus grande couverture possible du groupe sauf au début de la recherche quand les catégories principales émergent et ceci d'ailleurs très rapidement. Une autre caractéristique est la simultanéité de l'échantillonnage théorique, du codage et de l'analyse. Cependant la construction théorique qui s'effectue au moment de la collection des données n'est pas aisée et l'on constate un poids plus important pour la collection des données au début de la recherche ; l'équilibre change graduellement et laisse place à d'autres opérations d'analyse.

2.2 Le codage

Le codage théorique est la procédure d'analyse des données collectées, dans le but de développer une théorie fondée : une « *grounded theory* ». Nous avons vu que cette procédure a été initiée par Glaser et Strauss (1967) puis aménagée par Strauss et Corbin (1990) non sans critiques de la part de Glaser. Le codage théorique intègre l'interprétation et l'échantillonnage ; l'interprétation commence avec le codage ouvert et se poursuit avec le codage axial et enfin le codage sélectif. Ces différents types de codage bien que critiqués par Glaser en raison des aspects systématiques qui encadrent la démarche constituent cependant un outil pratique guidant le processus d'abstraction qui revêt une certaine utilité en particulier pour les débutants.

2.2.1 Le codage ouvert

Le codage en *grounded theory* est beaucoup plus qu'une opération consistant simplement à affecter des catégories aux données. En fait il s'agit d'une entreprise de conceptualisation qui passe par un ensemble de réflexions : découvrir des données, se poser des questions à propos des données, essayer d'interpréter, trouver des réponses provisoires aux relations entre les données. Il s'agit d'une forme de dialogue interne par lequel l'analyste confronte et enregistre ses propres réactions face aux données.
Strauss et Corbin (1990), proposent une approche assez opérationnelle du codage. Selon les auteurs, le processus peut se découper en plusieurs étapes.

La conceptualisation des données est la première étape de l'analyse. Décomposer et conceptualiser revient à isoler une observation, une phrase, un paragraphe et à attribuer à chaque incident, idée ou événement un nom ou quelque chose qui représente un phénomène. Le codage commence par l'affectation d'un code à une unité de texte (le code étant le **label conceptuel d'une catégorie reflétant une idée, une personne, un concept)**. Un très grand nombre de concepts peuvent être mis à jour au cours de cette codification. Ces concepts peuvent être regroupés afin de les retrouver plus facilement. Le procédé de regroupement de concepts qui semblent relever du même phénomène s'appelle la catégorisation. Nommer une catégorie implique de façon pratique, de lui donner un nom que l'on puisse retrouver facilement.

La catégorisation est une opération qui permet d'inférer de façon organisée, en mobilisant des connaissances, un sens plus général, plus abstrait à un corpus d'éléments déjà codés. C'est la réponse du chercheur à la question : « quel phénomène plus général y a-t-il derrière l'ensemble des éléments que je considère là ? ». Elle permet de cerner, d'inventer un concept nouveau (Mucchielli 1996).

Les catégories se développent selon leurs propriétés qui peuvent être dimensionnalisées comme le montre l'exemple suivant.

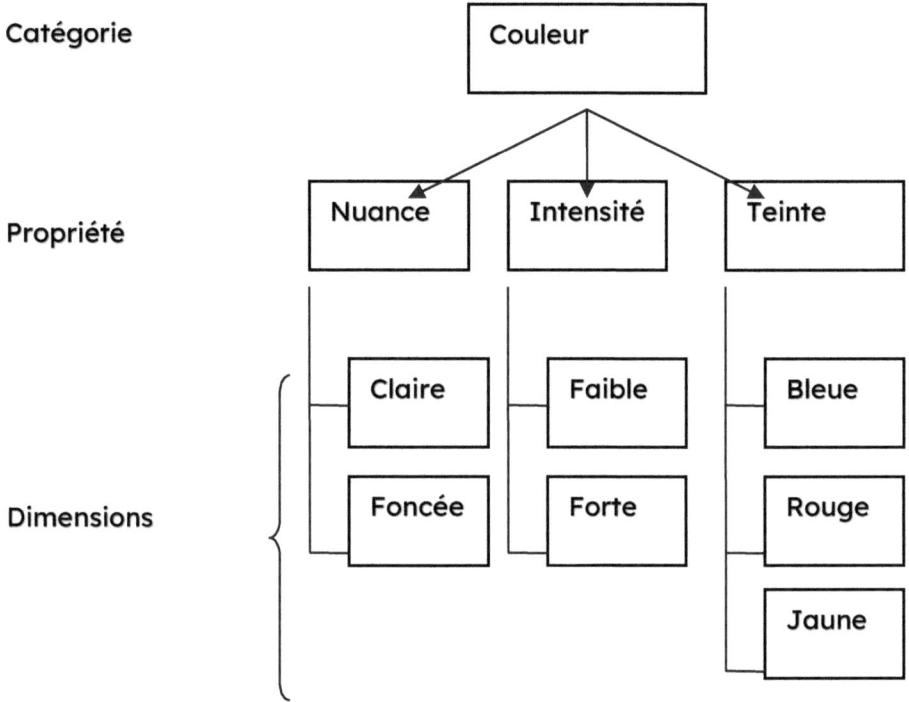

Figure 5 : Catégorie, propriété et dimension

Les propriétés sont **les caractéristiques ou attributs d'une catégorie** et les dimensions représentent **la localisation de la propriété tout au long d'un continuum.** Le codage ouvert consiste à développer non seulement les catégories mais aussi les propriétés et dimensions de ces catégories. Il est important de reconnaître et développer systématiquement les propriétés et leurs dimensions parce qu'elles forment le fondement des relations entre les catégories et les sous-catégories. Par exemple la catégorie « couleur » comprend les propriétés suivantes : « nuance », « intensité », « teinte »... Chacune de ces propriétés peut être dimensionnalisée. La couleur peut varier en intensité de faible à fort, en nuance de foncé à clair etc. Ainsi chaque catégorie a plusieurs propriétés, elles-mêmes variant selon un continuum dimensionnel.

A ce stade le choix de l'unité de codification se pose. Strauss et Corbin considèrent trois types d'unité de base. Il est possible de procéder au codage ligne par ligne, ou par phrase ou paragraphe ou pour le document entier. (Voir les exemples de recherche plus loin).

Les techniques de renforcement de la sensibilité théorique

Après des conseils pour s'extraire de préjugés liés aux expériences personnelles ou relatives à la littérature, pour adopter une posture inductive, pour explorer et clarifier les significations possibles des concepts, Strauss et Corbin (1990) indiquent des voies possibles.

<u>Le questionnement</u>
Il est suggéré de se référer aux transcriptions régulièrement et de procéder à un questionnement systématique. Le but du questionnement est d'ouvrir les données, de penser à des catégories potentielles, à leurs propriétés et leurs dimensions.

Les questions basiques sont les suivantes :
- Quoi ? (De quoi s'agit-il ? Quel est le phénomène étudié ?)
- Qui ? (Quelles sont les personnes en jeu, les acteurs, les actants ? Quels rôles jouent-ils ? Comment interagissent-ils ?)
- Comment ? (Quels aspects du phénomène sont explicités ? Qu'est-ce qui reste dans l'ombre ?)
- Quand ? Où ? (durée, rythme, synchronisation, lieux etc.)

- Combien ? (Quel est l'intensité, la reproduction, la force du phénomène, son impact ?)
- Pourquoi ? (Quelles sont les raisons expliquant le phénomène ?)
- Pour quoi ? (Quelles sont les intentions, quel est le but ?)
- Au moyen de quoi ? (Quels sont les moyens, les stratégies pour atteindre le but).

L'analyse d'un mot, d'une phrase
Il s'agit là de se concentrer sur un mot ou une phrase qui sont intéressants et d'en rechercher toutes les significations possibles. On peut procéder à un brainstorming en groupe et lister ensemble la série de significations envisageables. Cet exercice permet de préparer l'analyste à une vision plus large des significations que peuvent prendre les propos qu'il analysera par la suite.

Autres analyses à base de comparaison
La comparaison constitue un stimulus à la sensibilité théorique. La **technique volte-face** peut être utile lorsque l'analyste a de la peine à cerner un concept dans sa dimension haute. Il s'agit alors de l'envisager à l'autre extrémité de sa dimension considérée. Cet exercice aide à repérer ensuite les propriétés et dimensions que l'analyste n'arrivait pas à déceler. Il facilite également la pensée analytique plutôt que la pensée descriptive et permet de formuler des catégories provisoires.
La **comparaison systématique de deux phénomènes** consiste à considérer deux possibilités antagonistes A et B, de les questionner également en s'interrogeant sur leurs effets attendus C et D. Toutefois on envisage ici à la manière d'une rupture des stéréotypes la possibilité que A ait pour effet D au lieu de C et que B ait pour effet C au lieu de D.

Les **comparaisons avant-gardistes** consistent à rapprocher des événements qui en apparence ont un très faible dénominateur commun. Le phénomène A sera comparé à un phénomène B qui, lui, suscitera davantage de questions, permettra de développer des catégories et propriétés auxquelles on n'aurait pas pensé si l'on s'était cantonné à l'examen du phénomène A. On pourra par exemple lors d'une recherche en gestion des ressources humaines orientée sur les rémunérations, ne pas en rester aux conceptualisations traditionnelles et utiliser des concepts issus du marketing dans le domaine des prix afin d'adopter un regard neuf et de fertiliser la discipline originelle.

Agiter le drapeau rouge
L'analyste doit mentalement agiter le drapeau rouge quand il se trouve face à des propos qui sont formulés comme des certitudes à propos du monde qui nous entoure. Par exemple des propos qui utilisent des formules telles que : tout le monde sait bien que ; c'est toujours le cas, jamais ; toujours ; cela ne peut être possible autrement ; il n'y a pas à discuter …
Ces petites formules constituent justement des invitations à aller plus loin et à retrouver les conditions sous lesquelles ces énoncés universels sont valides. (voir plus loin comment les coder)

2.2.2 Le codage axial

Définition

Si le codage ouvert est une opération de fractionnement des données aboutissant à l'identification de catégories, propriétés et dimensions, le codage axial, lui, assemble les données de façon nouvelle en établissant des liens entre une catégorie et ses sous-catégories.

Les indications issues du modèle paradigmatique

Le codage ouvert et le codage axial sont dans la pratique très imbriqués, fortement interactifs. Dans le codage axial, le but est de cerner une catégorie (un phénomène) en fonction des conditions qui lui donnent naissance, du contexte, des stratégies d'action et d'interaction par lequel il est soutenu et les conséquences de ces stratégies.

La sous-catégorisation s'effectue par un modèle dit modèle paradigmatique (Strauss Corbin p. 99 1990) qui se présente ainsi :

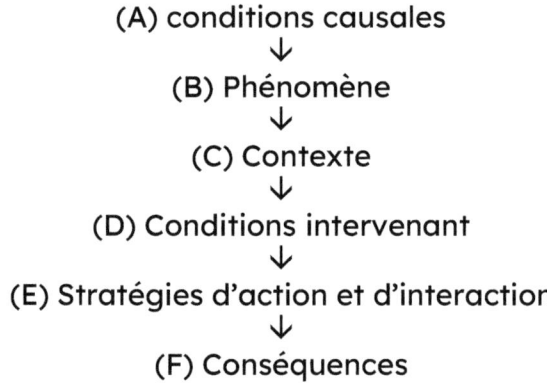

Figure 6 : Modèle paradigmatique de catégorisation

Le phénomène

Le phénomène constitue l'idée centrale, l'événement, vers lequel un ensemble d'action et d'interactions est dirigé. Il peut être identifié en posant des questions du type : A quoi ces données font-elles référence ? De quoi s'agit-il ?

Les conditions causales

Les conditions causales font référence aux événements ou incidents qui mènent au phénomène. Une condition unique produit rarement le phénomène. C'est souvent la nature des propriétés des conditions causales qui sont à analyser. Les conditions causales encore parfois appelées conditions antécédentes, sont annoncées dans les données par des termes tels que : « quand, pendant, depuis, parce que, à cause de, en raison de ».

Le contexte

Un contexte représente un ensemble spécifique de propriétés relatives à un phénomène. C'est aussi l'ensemble des conditions sous lesquelles les stratégies d'action et d'interaction sont prises pour gérer, conduire, exécuter et répondre à un phénomène spécifique.

Les conditions intervenant

Les conditions intervenant font partie d'un contexte structurel plus vaste relatif au phénomène. Ce sont des conditions générales qui portent sur les stratégies d'action ou d'interaction et peuvent faire référence au temps à l'espace, la culture, le statut économique, la technologie, la carrière, l'histoire et la biographie individuelle.

Les stratégies d'action ou d'interaction

Les stratégies d'action ou d'interaction sont conçues pour gérer, conduire exécuter et répondre à un phénomène sous un ensemble spécifique de conditions perçues. Strauss et Corbin précisent bien que la *grounded theory* est une méthode de construction théorique orientée vers l'action ou l'interaction.

Les conséquences

Les conséquences proviennent des actions et interactions pas toujours prédictibles et intentionnelles.
Le processus réel de codage axial est assez complexe et doit réaliser 4 étapes analytiques distinctes presque simultanément : la relation hypothétique des sous-catégories à une catégorie au moyen des énoncés dénotant la nature des relations entre elles et le phénomène, la vérification de ces hypothèses par rapport aux données, la recherche continue de propriétés des catégories et des sous-catégories et l'exploration de la variation du phénomène.
Dans le codage axial, les questions posées à propos du codage se concentrent sur les liens entre catégories. Les différents cas apportent des variations et une profondeur dans la compréhension du phénomène étudié. Lorsqu'un cas négatif ou alternatif se présente, il est significatif d'une instance nouvelle, de différences devant être intégrées : on doit lui prêter une attention particulière et le travailler soigneusement afin d'enrichir l'exposé théorique en procédant à la manière d'une capitalisation des connaissances.

2.2.3 Le codage sélectif

Le codage sélectif consiste à identifier la catégorie-clé, à la relier systématiquement à d'autres catégories, à valider ces relations et à compléter les catégories ayant besoin d'être développées et perfectionnées. Plusieurs solutions permettent d'aboutir à cette intégration que l'on recherche et qui constitue un niveau d'abstraction supérieur à l'étape précédente du codage axial.
Le processus implique d'expliquer le **scénario**, de relier les sous-catégories à la catégorie-clé au moyen du paradigme, de

relier les catégories au niveau dimensionnel, de valider les relations par les données, de compléter les catégories. Ce processus n'est pas linéaire et les différentes actions ne sont nécessairement distinctes. L'explicitation du scénario répond à l'objectif d'intégration. Cela consiste à conceptualiser une histoire descriptive à propos du phénomène central de l'étude. La centralité fait apparaître une catégorie-clé.

Les auteurs insistent aussi sur le fait que l'histoire doit être racontée en ordonnant les catégories de façon claire. Si tel n'était pas le cas, il faudrait recommencer l'écriture du scénario. Ce scénario prend en compte les **régularités observées lors du codage axial** et détaille les résultats en fonction des **conditions variables** observées. Ces régularités contingentes constituent des modèles que l'on dévoile au moment de ce type de codage. La mise à jour de ces modèles peut émerger à n'importe quel moment de l'analyse.

Parfois la connaissance des propriétés du phénomène central permet de déduire les combinaisons, dans d'autres cas les différences façonnant le modèle apparaîtront fortuitement. Une fois les modèles décelés, le chercheur peut commencer à grouper systématiquement les catégories et les relier aux propriétés et dimensions.

2.2.4 Les mémos

Les mémos jouent un rôle important en recherche qualitative et en *grounded theory*. Strauss et Corbin leur consacrent le chapitre 12 dans leur ouvrage fondateur. Les mémos sont compris trivialement comme des mots ou billets écrits et transmis entre les membres d'une organisation.

Définition

En *grounded theory*, ce sont des enregistrements bien particuliers, qui contiennent les produits de l'analyse. Les mémos représentent les formulations écrites de la pensée abstraite de l'analyste à propos de ses données. Les mémos peuvent prendre la forme de diagramme, de représentation graphique, d'image visuelle des liens entre concepts, de cartographie conceptuelle.

Caractéristiques

Ils évoluent sur le plan conceptuel en complexité, densité, clarté et exactitude au fur et à mesure de l'avancée de la recherche. Les mémos devraient être datés et annotés de la référence au document dont ils proviennent. Les diagrammes effectués lors du codage ouvert sont par exemple beaucoup plus succincts parce qu'ils se situent au début de la recherche ; par contre lors du codage sélectif ces mêmes diagrammes prennent plus de consistance.
Les mémos comprennent principalement les notes de codification, les notes théoriques et les notes opérationnelles :

- <u>Les notes de codes</u> sont les mémos qui contiennent les produits des trois types de codage tels que les étiquettes conceptuelles, les traits paradigmatiques et les indications de processus.
- <u>Les notes théoriques</u> portent sur le processus de théorisation et signalent les avancées dans ce domaine. Elles contiennent les résultats de la pensée inductive et déductive à propos des catégories pertinentes et potentielles, leurs propriétés, dimensions, relations, variations etc.
- <u>Les notes opérationnelles</u> contiennent les directions à suivre quant à l'échantillonnage, le questionnement, les comparaisons possibles…

Lors de l'étape de codage ouvert, les notes de codes prennent l'allure d'un dialogue avec les données. Dans ces mémos on trouve les catégories, dimensions, les premiers jeux, spéculations et hypothèses. Ces notes de code lors du codage axial peuvent avoir un caractère similaire même si l'accent est mis sur les relations entre catégories, propriétés et dimensions. Les notes théoriques gagnent en abstraction entre le codage ouvert et le codage axial. La signalisation des avancées théoriques permet de donner des indications sur l'évolution de l'échantillonnage. Lors du codage sélectif, les notes de codes se raréfient tandis que les notes théoriques gagnent en densité et s'orientent vers la description du scénario. Au fur et à mesure du franchissement des étapes, les notes opérationnelles deviennent plus directives et plus centrées par exemple pour le codage sélectif sur la vérification d'hypothèses.

Miles et Huberman recommandent de faire figurer dans les mémos, la date et le lien avec les concepts et données qui ont inspiré ces mémos.

La grounded theory variée

Les travaux de Strauss et Corbin tentent de pallier le manque d'accessibilité de la méthode initialement présentée par Glaser et Strauss. Ils permettent en effet de fournir une démonstration par des exemples selon un protocole applicable à d'autres recherches. Ils ont donc fait un effort pédagogique indéniable.

Cependant Glaser a critiqué les travaux de Strauss et Corbin, leur reprochant de dévier de l'esprit de la *grounded theory* telle qu'elle avait été initiée. Selon Glaser, Strauss et Corbin utiliseraient une série de procédures pour forcer la signification des données alors que seules les processus initiaux permettent l'émergence théorique. L'orientation de Strauss et Corbin s'éloigne de la *grounded theory* pour se positionner davantage comme une description purement conceptuelle. Au lieu de laisser la théorie émerger des données,

Glaser considère que Strauss et Corbin restreignent les données dans des **orientations prédéterminées.** Le modèle paradigmatique avec lequel l'analyste examine les causes, conséquences, conditions intervenantes est un exemple qui montre comment l'analyse se renferme sur un modèle préconçu. Glaser considère que seule la méthode de comparaison constante est pertinente.

Un autre point de controverse selon Fielding et Lee (1998) porte sur la notion de catégorie-clé. Faire émerger une catégorie-clé est un objectif de la construction théorique selon Glaser. Strauss et Corbin voient la catégorie-clé comme référant à un phénomène central autour duquel une description conceptuelle et narrative est attendue. Selon Glaser, la catégorie-clé est une entité conceptuelle centrale et récurrente reliée à d'autres catégories et disposant d'un pouvoir analytique considérable. En tant que tel, elle permet de rendre compte de la plus grande variation possible dans un modèle de comportement pertinent pour le phénomène étudié. Parce que la catégorie-clé reflète la préoccupation majeure des répondants, il est en fait difficile de ne pas la découvrir. La catégorie-clé émerge finalement du codage et des mémos. La procédure de codage axial et sélectif prônée par Strauss et Corbin gêne en fait l'identification de la catégorie-clé.

Ces points de controverse pourtant ne semblent pas se manifester de façon bloquante dans le domaine de l'analyse de données qualitatives puisque la *grounded theory* y occupe une position dominante. Ces différences montrent que la *grounded theory* peut intégrer différentes variations ; ainsi tel analyste mettra l'accent sur l'induction et la méthode de comparaison constante, tel autre analyste utilisera les techniques de codage axial et sélectif comme d'une aide pour faire face à la perplexité dont tout analyste peut être normalement saisi face à l'univers grandiose et difficilement maîtrisable de la grounded theory.

L'attractivité de la *grounded theory* fait dire à Strauss et Corbin (1998) qu'elle comporte actuellement le risque d'être à la mode et appliquée de façon superficielle. Certains chercheurs peuvent se prévaloir de la *grounded theory* tout en ayant découvert un processus de base à l'aide du codage, mais ne pas être allés au bout du développement conceptuel en négligeant les variations du phénomène.

Glaser (1978) dans son ouvrage sur la sensibilité théorique, explique que les codes théoriques conceptualisent la façon dont les codes substantifs peuvent être reliés les uns aux autres, comme des hypothèses devant être intégrées dans une théorie. Il arrive que d'autres chercheurs se réclament abusivement de la *grounded theory* parce qu'ils adoptent une attitude inductive.

En ce qui concerne les limites de la méthode, nous retiendrons les remarques de Flick (1998 p. 187) : c'est une méthode difficile à enseigner et qui ne se comprend véritablement que lorsqu'on la pratique. L'un des risques de cette méthode est l'éparpillement, le développement d'un très grand nombre de catégories, l'exercice interminable des comparaisons. Elle exagère le codage au détriment d'autres formes d'analyse textuelle comme l'analyse « fine grained » cherchant à interpréter les données. Il existe peu d'indication permettant de savoir quand arrêter les comparaisons et le développement des catégories. L'une des solutions pragmatiques est de faire un point en cours de codage et d'équilibrer ce qui a été trouvé en procédant à un tri et une concentration sur des priorités liées aux questions de recherche.

2.3 Les travaux de Miles et Huberman

Matthew Miles & Michael Huberman (1984,1994) ont une influence considérable sur les procédures de la recherche qualitative. De façon pragmatique, ils accréditent le fait que les positions épistémologiques parfois difficiles à situer de façon tranchée entraînent des positions floues. Leur grand mérite est d'avoir su montrer que la recherche qualitative trouve son unité non pas tant dans le discours épistémologique mais dans l'outil méthodologique. Ils ont développé leur approche jusqu'à la mort de Miles. Dans leur ouvrage de 1994, ils expriment leur position : celle d'un réalisme qui considère que les phénomènes sociaux existent non seulement dans l'esprit mais aussi dans le monde objectif et que des lois, des relations raisonnablement stables peuvent être trouvées parmi eux. De ces régularités peuvent dériver des construits parfois invisibles à l'œil humain. Cependant en accord avec les tenants du courant interprétatif, les faits arrivent chargés de théorie. Le but est alors de transcender ces processus en construisant des théories pour rendre compte du monde réel (limité et chargé perceptuellement) et de tester ces théories.

Les travaux de Miles et Huberman présente l'intérêt suivant pour le gestionnaire :
- une approche adaptée, pragmatique (qui prend en compte le besoin d'itération inductive et déductive),
- une réflexion outillée sur la collection et l'analyse de données interactives
- une présentation un peu touffue et détaillée de nombreux exemples de synoptiques, résumés structurés de cas, diagrammes en réseau, matrices à utiliser un peu comme un répertoire
- des conseils pratiques par exemple:
  - en ce qui concerne les codes, commencer avec une courte liste de départ (partie déductive[1]),

---

[1] il est à noter que les puristes de la *grounded theory* rejèteront cette tactique qui pourtant permet d'orienter la construction des codes de façon plus structurée ; ceux-ci laisseront émerger les codes uniquement à la lecture des données.

- les codes doivent tenir seulement sur une feuille,
- quant aux mémos : les dater, les lier aux données, aux cas
- ne pas hésiter à pratiquer des résumés de cas intermédiaires...

2.3.1 Définition de l'analyse des données

Pour Miles & Huberman, l'analyse consiste en trois flux d'activité : la réduction des données, l'affichage des données et l'ébauche de la conclusion- la vérification. Ces processus se déroulent avant le rassemblement des données dès les premières analyses et après que le recueil des données a été finalisé.

La réduction des données consiste à sélectionner, concentrer, organiser, gagner en abstraction et transformer les données issues des notes de terrain ou des transcriptions. L'univers potentiel des données est réduit de façon anticipée quand le chercheur choisit un cadre conceptuel, des questions de recherche des cas et des instruments (Miles & Huberman 1994 p. 10). La sélection et la condensation des données passent du recueil de matériaux du terrain aux résumés des données, au codage, à la classification et à l'écriture d'histoires.

L'affichage des données est un assemblage organisé et compressé des informations qui permet de tirer des conclusions ou de passer à l'action. Un ensemble réduit de données sert de base pour penser à propos des significations. Cette phase peut comprendre des résumés structurés, des synopsis, des aperçus, des cartographies conceptuelles, des diagrammes et des matrices.

La conclusion / vérification implique le chercheur dans l'interprétation : tirer une signification des données affichées. Les tactiques sont variées : utilisation de comparaison et contrastes, modèles et thèmes, classification, utilisation de métaphores. Les tactiques de confirmation englobent la triangulation, la recherche de cas négatifs, le suivi des surprises, la vérification des résultats avec les répondants. Contrairement à la grounded theory, Miles & Huberman adoptent une attitude plus éclectique : il existe selon eux un ensemble multiple et itératif de tactiques en jeu plutôt qu'une ou deux seulement. Ils admettent que les conclusions sont souvent préfigurées depuis le début même quand on se réclame d'être inductif.

Selon Miles & Huberman, les trois types d'activités analytiques forment un processus cyclique interactif. Le chercheur avance régulièrement parmi ces quatre activités.

2.3.2 La gestion des données

Ils proposent une liste des informations qui doivent être conservées quelques ans après la recherche qualitative (Miles & Huberman 1994) :

Matériau brut	Notes de terrain, bande d'enregistrement, document du site
Données partiellement traitées	Notes, transcriptions, dans leur version initiale ajoutée de leur commentaire
Données codées	Notes avec codes spécifiques attachés
Plan de codage ou thésaurus	Dans ses itérations successives
Mémos ou matériau analytique	Réflexion du chercheur sur la signification conceptuelle des données

Enregistrement recherché et extrait	Affichage des segments de données sélectionné durant l'analyse par le chercheur, enregistrement des liens parmi les segments
Affichage des données	Matrices, diagramme, réseaux utilisés pour afficher l'information de façon condensée associé au texte analytique ; les versions différentes
Épisodes analytiques	Documentation sur les actions du chercheur, étape par étape pour assembler les affichages et écrire le texte analytique
Rapport	Projets successifs de la conception, des méthodes et des résultats de l'étude
Documentation chronologique	Du recueil des données et du travail d'analyse
Index	Des matériaux ci-dessus

Tableau 3 : Les documents à conserver en recherche qualitative

Egalement ils développent une attention particulière au côté pratique de la recherche qualitative. Pour eux par exemple, la façon dont les données sont codées et extraites ensuite est au cœur du management des données. En effet les volumes traités avoisinent généralement les mille pages et nécessitent à ce titre une attention particulière. Ils prennent l'exemple d'un chercheur qui à l'issue de la transcription de ses mille pages se demanderait naïvement quelle méthode d'analyse adopter à présent. Et leur conseil est naturellement de ne pas entreprendre une recherche sans se préoccuper au préalable de la question de l'analyse. Ils rejoignent Werner et Schöppfle (1987) qui insistent sur l'anticipation d'un système avant le recueil des données. Ils soulignent la maîtrise organisationnelle nécessaire. Sans un plan de travail clair, les données peuvent vite être mal codées, mal étiquetées, mal reliées et mal traitées. Un système d'enregistrement et d'extraction est critique pour garder trace des données utilisables.

2.3.3 La réduction des données

Miles et Huberman proposent des stratégies de réduction des données et mettent l'accent sur l'utilisation de résumé de diverses natures, de mémos, de procédures de revue.

Les résumés

Les résumés permettent de remettre les notes de terrain sous une forme compacte et facile à extraire ; l'idée est de produire des résumés après chaque contact terrain. Ces conseils sont assortis d'astuces : le résumé doit tenir sur une page afin que les points principaux soient saillants. Ces résumés aident le chercheur à « rafraîchir sa mémoire ». Sans aller trop dans le détail on peut retenir à propos du codage, qu'ils retiennent deux niveaux de codage, qu'ils situent sur un continuum allant de la description à l'interprétation. Naturellement on se rapproche du codage interprétatif quand on se familiarise avec le terrain. La particularité des codes interprétatifs est qu'ils sont reliés aux autres codes. (On pourrait rapprocher le codage interprétatif ainsi défini de la dimensionnalisation d'une catégorie comme exposé précédemment en *grounded theory*.)

Recherche de régularités

Dans le premier niveau du codage on nomme et on classe, tandis que dans le second niveau, on cherche des régularités dans les données qui donnent lieu à des « pattern codes », des modèles qui font office de méta-codes. Ces méta-codes renvoient à 1- des thèmes, 2- des causes, 3- des relations entre personnes, 4- des relations entre construits. Ces codes « modèles » peuvent servir de base à des hypothèses que l'on testera sur de nouvelles données. En cela on se rapproche de la méthode de comparaison constante.

2.3.4 Analyse intermédiaire

A la différence de la recherche expérimentale, les recherches qualitatives tendent à être caractérisées par un cycle de vie bizarre au cours duquel des modes d'investigation différents se déroulent à des moments différents. Miles & Huberman emploient **le terme d'analyse intermédiaire** qui caractérise par exemple le résumé de cas intermédiaire, provisoire, de 10 à 25 pages lorsque l'on audite un sous-ensemble de données afin de faire un point sur les résultats obtenus et d'orienter le recueil de données (Miles & Huberman 1994 p79).
L'avantage est qu'une erreur ou omission faite à un moment de l'enquête peut être arrangée lors de l'entretien suivant. Des instrumentations supplémentaires peuvent être ajoutées qui montrent d'ailleurs une amélioration de la compréhension du chercheur et qui accroissent la validité interne de l'étude. Cependant l'inconvénient de ce type d'analyse, est de pousser le chercheur à engranger de plus en plus de données afin de recueillir les thèmes émergents. L'analyse continuelle est inflationniste : plus on investigue, plus on découvre de couches dans la composition de l'ensemble. Le manque de limites explique cette inflation des données, des thèmes émergents et conduit à ce que Miles (1979) appelle la **nuisance attractive.**

2.3.5 Recherche itérative

La plupart des procédures appellent l'utilisation de l'induction analytique. Au cœur de l'induction analytique se situe l'idée que des régularités peuvent être trouvées dans le monde social. Les théories ou les construits expriment ces régularités aussi précisément que possible. Pour déceler ces régularités, nous utilisons une procédure itérative par succession de cycle de questions réponses, qui entraîne l'examen d'un ensemble donné de cas et la modification de ces cas sur la base des cas suivants. **L'induction** est une des procédures de la *grounded theory* qui comprend des caractéristiques communes avec l'analyse intermédiaire. Cependant dans l'analyse intermédiaire, les analyses inductives et déductives sont assemblées. Quand un thème, une hypothèse ou un modèle sont identifiés de façon inductive, le chercheur adopte un mode de vérification déductif, essayant de confirmer ou de qualifier le résultat. A nouveau un cycle inductif peut recommencer alors.

Miles & Huberman ont proposé une palette de tactiques allant du plus concret et du plus descriptif au plus abstrait et explicatif, ceci afin de permettre de suggérer des significations. Ces tactiques passent par le relevé des thèmes ou de modèle, l'évaluation de la plausibilité, les regroupements conceptuels, la fabrication de métaphores, le dénombrement, les contrastes et comparaisons, la partition des variables, la catégorisation des éléments particuliers dans une catégorie plus générale, la navigation entre des données de niveaux décalés, la mise en facteur, l'observation des relations entre variables, la mise au jour des variables intervenant, la construction d'une chaîne de preuves logiques, la prise en compte de la cohérence théorique et conceptuelle.

La préparation des données constitue une étape importante dans le codage. Nous reviendrons sur le choix de l'unité de traitement (texte, paragraphe, ligne, mot) par la suite. Cependant à ce stade il nous semble intéressant d'évoquer le regroupement des données selon l'adoption d'une approche orientée **variable** *versus* **cas,** ou d'une approche combinant les deux.

2.4 Les stratégies d'analyse et la qualité

Lorsque le chercheur arrive dans la phase de l'analyse plusieurs choix se présentent à lui ; et il doit prendre un certain nombre de décisions. C'est parce que le chercheur est contraint à ces choix que l'on peut envisager l'idée de stratégie d'analyse. En effet ces choix guide l'analyse dans des orientations qui peuvent être judicieuses ou parfois regrettables mais en tout état de cause doivent être justifiées clairement pour la validité de la recherche.

Parmi les choix qui s'offrent à l'analyste nous retiendrons :
- le choix d'une approche inductive, déductive ou combinant les deux
- le choix d'une approche orientée cas ou variable ou combinant les deux.
-

2.4.1 L'oscillation induction déduction

La littérature a souvent retenu de façon un peu abrupte l'existence de deux tendances distinctes quant à la façon de coder soit la façon inductive soit la façon déductive.
La figure suivante exemplifie ces deux processus que beaucoup distinguent.

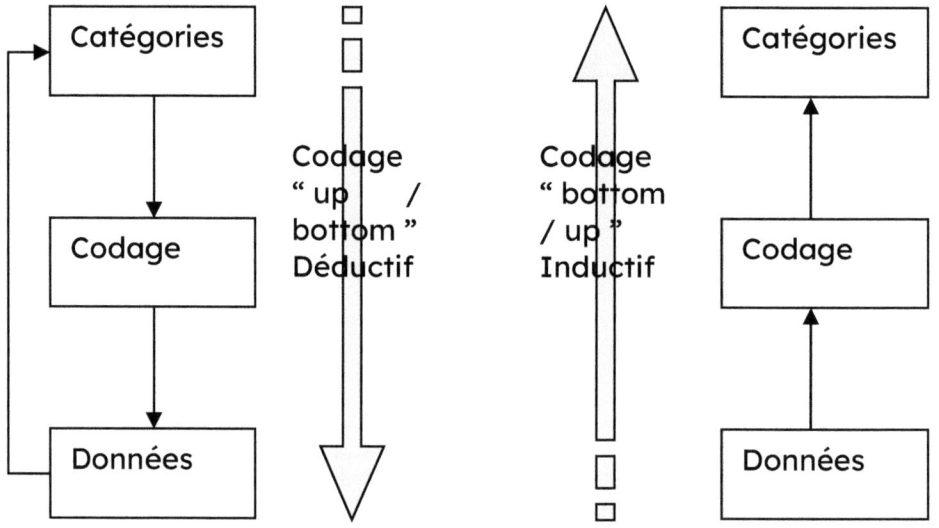

Figure 7 : Stratégie d'analyse : codage inductif vs déductif

Rappelons que Glaser & Strauss (1967 p37) préconisent une approche strictement inductive (ignorant la littérature) afin que l'émergence des catégories ne soient pas contaminée. Mais quelques années plus tard, Strauss & Corbin (1990) adoptent une attitude plus ouverte en considérant la possibilité de mobiliser toute littérature avant la recherche.
Pourtant il est possible et parfois même difficile d'échapper à une approche combinant ces deux types de codage. Lors du codage, on passe sans cesse de l'induction à la déduction.

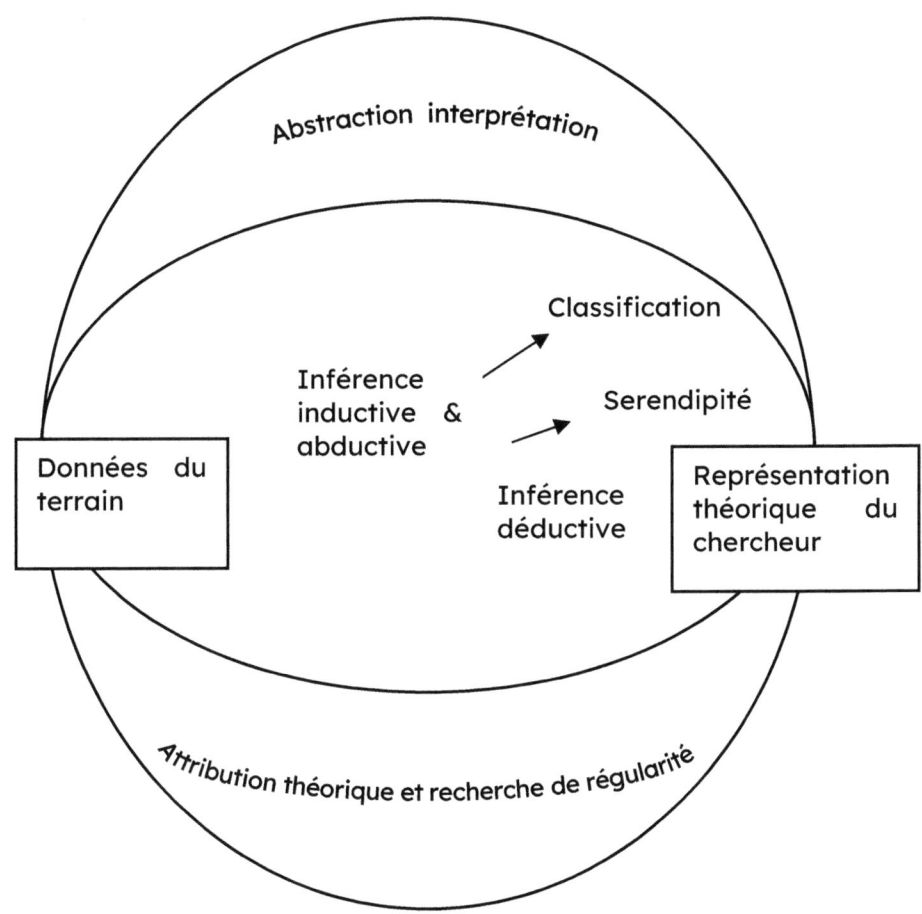

Figure 8 : L'oscillation continue entre induction et déduction

Charles Sanders Peirce propose une distinction entre inférence inductive et abductive. Avec l'induction, un phénomène empirique spécifique est décrit ou expliqué en le subsumant dans une loi ou une catégorie déjà existante, alors que l'inférence abductive aide à déceler des lois ou des concepts inconnus à partir d'événements surprenants ou anormaux. L'inférence abductive combine de manière créative des faits empiriques nouveaux et intéressants avec la connaissance théorique antérieure. L'induction procèderait de la classification et l'abduction de la découverte.

On propose de façon déductive soit des énoncés de relations, soit des propriétés ou des dimensions possibles et ensuite on cherche à vérifier ce qui a été déduit du point de vue théorique avec ce qui se passe sur le terrain en examinant les données. Il existe une interaction constante entre les propositions et les vérifications et cet **aller-retour** est significatif du caractère fondé de la théorie. Les concepts et les relations pensés de façon déductive doivent être vérifiés dans les données réelles. Au départ ils sont tenus pour provisoires et s'ils ne sont pas vérifiés par l'examen des données, ces concepts et relations sont alors écartés. La théorie finale est donc limitée aux catégories, propriétés et dimensions ainsi qu'aux liens qui existent dans les données recueillies.

Le dépistage intentionnel des relations s'avère plus efficace qu'une attitude consistant à attendre de tomber par hasard sur les données ; une analyse plus systématique permet de gagner en rapidité. La problématique en cela permet de poser des questions ouvertes qui canalisent la voie d'accès aux données utiles.

2.4.2 Les méthodes comparées

Parmi les exemples des analystes qui ont investi les méthodes comparées, Ragin (1987) illustre une méthode bien particulière s'appuyant sur une distinction entre méthodes orientées cas et méthodes orientées variable.

L'approche orientée cas

Plusieurs acceptions sont possibles pour rendre compte de la signification de ce qu'est un cas. Un cas peut être simple ou complexe. Le cas est un tout possédant une frontière permettant de le distinguer, de l'isoler. En sciences sociales, le cas peut être un système intégré disposant d'une intentionnalité. Le cas représente un contexte institutionnel spécifique dans lequel les individus se meuvent, agissent et se représentent une réalité. Certaines caractéristiques sont propres au cas, et d'autres à l'extérieur du cas, le cas se définit par sa frontière qui est parfois cependant floue et par le comportement qui est modélisable (Stake p. 87 1998). Un cas en gestion peut représenter une entreprise, un groupe d'entreprise, une profession, un site de production...

Parce que le cas se concentre sur un contexte, il retrace le flux des événements dans le temps, des descriptions de situation de gestion, qui mettent en scène des acteurs, des moyens, des contraintes etc. l'intérêt du cas est d'offrir une mise en lumière des facteurs influençant le cours des événements.

Les méthodes orientées cas sont utilisées principalement pour identifier des relations invariantes. Elles sont utilisées pour pointer des modèles d'associations constantes et non pas pour expliquer des variations (Ragin p.43 1987). Cependant à cause de la complexité causale, il est difficile d'identifier des relations invariantes qui ne soient ni circulaires ni triviales. Ces méthodes stimulent souvent le développement de théories substantives. Les approches orientées cas poussent les investigateurs à considérer leur cas comme des entités ; c'est-à-dire que les chercheurs les examinent dans leur ensemble sans les considérer comme une collection de variables.

L'approche orientée variable

Alors que les méthodes orientées cas supposent l'examen compréhensif de cas et phénomènes définis historiquement, l'approche orientée variable est moins concernée par la compréhension de résultats spécifiques et se concentre sur la relation entre des variables que l'on peut discerner entre entreprises, au sein de la société en bref à un niveau plus macro. Ragin (1987) explique le soudain engouement pour ces approches par le fait qu'elles font l'objet de l'emploi de techniques quantitatives bénéficiant d'une plus grande légitimité.

Un grand nombre de chercheurs prône la combinaison de ces deux approches principalement à cause de leur complémentarité ; les faiblesses de chaque approche peuvent être dépassées par l'emploi des deux approches comme le rappellent Miles & Huberman (1994 p 302) : « *des histoires sans variables ne nous disent pas assez sur le sens de ce qui nous est donné. Des variables sans histoires sont finalement trop abstraites et non convaincantes* ». Alors quel est le bon équilibre entre cas et variables ? Ils rappellent que Lofland préconise grosso modo pour 50 à 70 % des événements, anecdotes, épisode, histoires et que 30 à 40 % des abstractions, des concepts.

Ragin (1987) par ailleurs propose d'appliquer les principes des calculs booléens pour résoudre les causalités complexes. Il a mis au point une méthode de minimisation logique à partir de données sur des échantillons d'une cinquantaine de cas.

La diversité des approches peut également fournir matière à réflexion sur différentes combinaisons possibles ; elle est relatée à l'aide de la figure suivante inspirée de Miles & Huberman (1994) p. 301 :

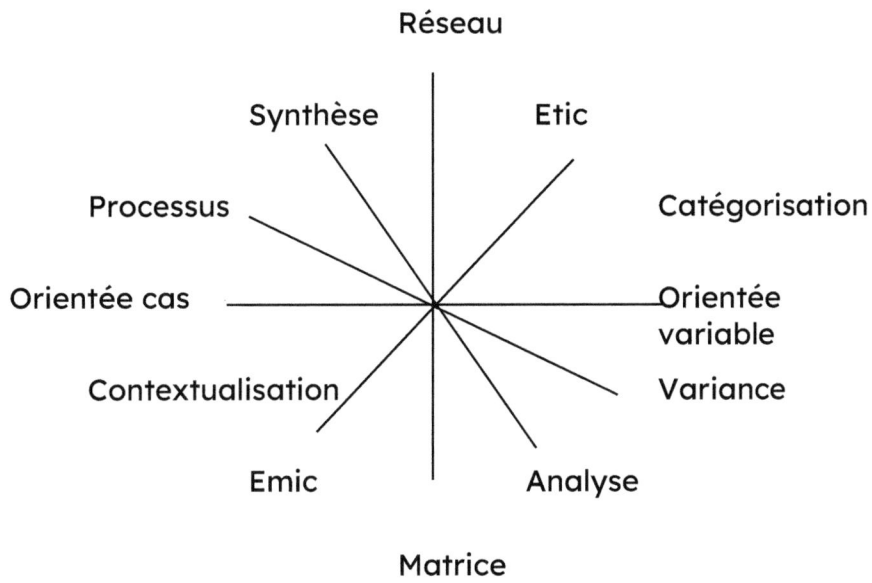

Figure 9 : Le mix analytique

Ces orientations mettent l'accent sur les différentes sensibilités et angles d'approches qui peuvent être combinés et représentés à l'aide de matrice ou de réseau conceptuel.

Pour résumer les grandes lignes des différents types de codage, nous reprenons le tableau de Flick (1998) complété par notre évaluation.

Type de codage	Contribution	Objectif de recherche	Limites
Analyse de contenu	Procédure codifiée, analyse réductrice, procédant par résumé, utilisant de grandes masses de données de domaines différents	But : réduire le matériau - Méthode non limitée à un plan théorique	Risque de perte de sens du fait de l'application de catégories théoriques fixées - Risque quantitativiste
Codage global	Donne une vue générale du matériau - Peut être une étape du codage théorique - Vision globale des thématiques d'un texte	Vient en complément des méthodes de catégorisation classique	peu compatible avec des analyses séquentielles (de conversation, de discours, narrative)
Codage théorique	Induction et déduction	Développer des théories	Risque d'un grand nombre de codes
Glaser et Strauss (1967) Strauss et Corbin (1990)	Développe des catégories et des relations entre catégories	« Grounded theory »	Difficulté d'appliquer le principe d'échantillonnage théorique

Miles et Huberman (1994)	Liste de codes, résumé de cas, visualisation par affichage	Développement de théories tenant compte de regroupement (intra-cas, inter-cas, trans-cas)	Consommateur de temps - risque de segmentation exagérée des données
Codage thématique	Principe de l'analyse de cas, Caractérisation rapide du cas,	Comparaison de groupes	Se limite à des comparaisons de groupes pré-définis

Tableau 4 : Les différents types de codage inspiré de Flick (1998)

Après avoir examiné les grands courants de l'analyse qualitative, leur variété et points de recoupement, nous présenterons la partie « assistée par ordinateur » et montrerons que la pluralité des modes d'analyse implique à la manière d'un effet miroir, des conséquences concernant les logiciels. Nous verrons les différentes contributions des logiciels à l'aide d'un rappel historique et de comparaison, avant de relier analyse et expérience illustrée par des cas concrets.

2.4.3 La qualité et les critères d'évaluation

L'évaluation d'une recherche qualitative de type *grounded theory* s'est d'abord inspirée des critères de fiabilité et de validité issus des critères positivistes appliqués généralement aux méthodes quantitatives.
Puis elle s'est émancipée de ces critères peu transférables en vérité pour rechercher ses propres critères. On va trouver donc

des chercheurs qui vont insister sur la rigueur employée, la qualité du processus (Gioia & Alii 2012) ou de l'écriture.

La qualité du processus

Selon (Gioia & Alii 2012) il s'agit de porter attention à :
1) <u>la conception de la recherche</u>
- en articulant un phénomène d'intérêt bien défini et des questions de recherche
- en optant pour des questions de recherche centrée sur des «comment» afin faire ressortir des concepts et leurs relations)
- en consultant initialement la littérature existante, avec une suspension du jugement sur ses conclusions pour permettre la découverte de nouvelles perspectives

2) <u>la collecte de données</u>
- en donnant une voix prépondérante aux informateurs, qui sont traités comme des agents compétents
- en préservant la souplesse nécessaire pour ajuster le protocole d'entrevue en fonction des réponses des informateurs
- en revenant en arrière et en s'adressant aux informateurs précédents pour poser des questions découlant des entretiens ultérieurs

3) <u>l'analyse des données</u>
- en effectuant le codage initial des données, en maintenant l'intégrité des termes de 1er ordre (centrés sur le répondant)
- en développant un recueil complet des termes de 1er ordre
- en organisant les codes de premier ordre en thèmes de deuxième ordre (centrés sur la théorie)
- en distillant les thèmes du second ordre en dimensions théoriques globales (le cas échéant)
- en assemblant les termes, les thèmes et les dimensions dans une « structure de données »

4) <u>l'articulation de la Grounded Theory</u>

- en formulant des relations dynamiques entre les concepts de second ordre dans la structure des données
- en transformant la structure de données statiques en un modèle de théorie dynamique
- en menant des consultations supplémentaires avec la littérature pour affiner l'articulation des concepts et leurs relations émergentes)

Une écriture convaincante

L'écriture convaincante (Jonsen & alii 2018) est marquée tout d'abord par la **rhétorique**, la qualité du discours, de persuasion d'une audience marquée par le style le rythme la syntaxe l'énergie et contribuant à former une posture d'autorité, par l'usage de mots et de métaphores dans une attitude de confiance et d'humilité.
Ensuite par le **savoir-faire épistémologique et méthodologique,** par la maîtrise des outils, les matériaux, l'indépendance et la probité, une présentation qui se met à la portée du lecteur
Également **l'authenticité** dans le processus qui consiste à avoir été là, à avoir établi un rapport empathique avec les acteurs du terrain tout en démontrant de la vitalité de l'énergie de la plausibilité
Puis la **réflexivité** de la recherche et en particulier sa contribution substantielle, c'est-à-dire sa contribution singulière, sa capacité à dégager de l'espace de réflexion, à porter une réflexion critique sur les biais et les préférences
Enfin **l'imagination**, et donc la capacité des auteurs de capturer l'essence même de la réalité sociale en faisant appel à la spontanéité l'inventivité, l'intuition et la passion.

Les critères d'évaluation

Les critères d'évaluation d'une recherche dépendent de l'objet poursuivi par le chercheur. Les critères initiaux portaient sur l'adéquation et la pertinence de la théorie construite par rapport aux données.

D'autres critères mis en évidence par (Charmaz 2006) évoquent :

- la **crédibilité** (la familiarité avec le sujet, des données suffisantes pour justifier les affirmations, des comparaisons systématiques entre observations et catégories, les catégories couvrent une grande rangée d'observations empiriques, des liens forts et logiques entre concepts et données, une présentation de preuves permettant une évaluation indépendantes)
- l'**originalité** (des catégories nouvelles, fraiches, une conceptualisation à valeur ajoutée par rapport aux données, une signification pour la gestion et pour la théorie, un retour théorique et et un retour sur les pratiques (défi, prolongement, raffinement)
- la **résonnance** (les catégories décrivent l'expérience étudiée, les significations admises sont révélées, les liens avec des collectivités ou des institutions plus larges sont établies, la théorie est confirmée par les participants)
- l'**utilité** (l'analyse offre des interprétations utiles aux participants, les catégories analytiques suggèrent des processus, des recherches futures sont suggérables, le travail contribue à la connaissance et à un monde meilleur).

3 LA PART DES LOGICIELS

Au cours des trois dernières décennies, le développement technologique a favorisé l'expansion de l'informatique dans les modes de production de connaissances au sein de multiples disciplines. Ainsi, depuis le début des années 1990, s'est développée une nouvelle génération de logiciels dédiés à l'analyse des données qualitatives particulièrement dans le monde anglo-saxon sous le terme générique de : CAQDAS « Computer-Aided Qualitative Data Analysis Software ». L'ADQAO (Analyse de Données Qualitatives Assistée par Ordinateur) est une traduction littérale de l'anglais (Point Bournois Voynnet 2002). Les logiciels permettent de répondre à une palette de besoins variés quant au traitement des données qualitatives. Afin de mieux cerner les contributions et les différences entre logiciels, nous présenterons les trois principaux courants de l'analyse qui sont à leur origine.

3.1 Panorama des logiciels d'analyse

3.1.1 Les trois types principaux d'analyse

Afin de bien comprendre les différences entre logiciels, on peut les examiner en se demandant « à quoi servent-ils ? » et plus exactement à quelle fonction de l'analyse répondent-ils. Autrement dit pour comprendre l'utilité des logiciels, il s'agit dans un premier temps de déceler les différentes orientations de l'analyse. C'est ce qui est proposé à l'aide du tableau suivant. Il fait état pour différents courants des questions mobilisant les différentes recherches ; cette présentation est assortie d'une étape suivante : la compréhension des différences entre les logiciels.

Le langage comme moyen de communication	Intérêt du contenu du corpus	Analyse de Contenu	Que dit-on ? Comment le dit-on ?
	Intérêt du processus de communication	Analyse Linguistique	Pourquoi le dit-on comme cela ?
Le langage comme entité		Analyse du Contexte des Données	De quoi parle-t-on ?
Recherche orientée sur la représentation	Représentation des significations (Weick, Axelrod Bougon, Eden, Cossette)	Analyse des représentations	Que pense-t-on ?
Recherche orientée sur la construction théorique	*Grounded theory* ou Miles et Huberman.	Analyse des Données Qualitatives	Quelle théorie peut-on dégager ?

Tableau 5 : Les différentes approches pour l'analyse des données qualitatives (Point Bournois Voynnet 2002) augmenté.

La recherche orientée langage

Ce tableau permet de situer les approches et de préciser la place de l'analyse des données qualitatives à visée théorique. Initialement, le chercheur en France disposait essentiellement de logiciels relatifs à **l'analyse de contenu**, à l'analyse lexicale du type SPAD T ou Sphinx Lexica. Ces logiciels ont pour objet la **quantification des données qualitatives.** (Alexa M., Zuell C. 1999). L'analyse de contenu se fonde essentiellement sur une stratégie énumérative fondée sur le listage, le comptage et la catégorisation de mots-clefs. Elle constitue une méthodologie produisant des inférences à partir d'un texte analysé (Weber 1990). **L'inférence** consiste à composer des faits et des règles abstraits afin de produire des conclusions susceptibles de guider le comportement dans des situations inconnues (Blayo 1996) : elle permet le passage de la description à l'interprétation (Bardin 1998).

Les conceptions anglo-saxonnes et françaises respectivement de l'analyse de données qualitatives et de l'analyse de contenu divergent par leurs intentions. Pour saisir le champ de cette recherche, nous avons choisi de présenter quelques questions qui paraissent illustrer une orientation multiple : Que dit-on ? Comment le dit-on ? Pourquoi le dit-on comme cela ? De quoi parle-t-on ? La France a produit de nombreuses recherches orientées langage ; ce qui explique sans doute le développement de logiciels en France qui a suivi cette demande. Ces logiciels (TROPES, NEUROTEXT, PROSPERO) utilisent le langage comme noyau de référence, même si par ailleurs ils intègrent d'autres possibilités qui dépassent cette base de départ.

Tout se passe comme si les préoccupations pour la validité ne trouvaient de réponse satisfaisante que par la quantification et l'automatisation de l'analyse. Certains chercheurs français posent souvent la question de la duplication « une recherche qualitative exécutée par un autre chercheur aboutirait-elle au même résultat ? ». Cette ambition louable justifie sans doute toutes ces tentatives et explique pour partie la polarisation de la recherche et les développements de logiciels en France fondés sur le langage et orientés vers les procédures d'automatisation.

Le but ici n'est pas de produire une classification des logiciels répondant aux approches orientées langage.

L'école de la représentation : la cartographie cognitive

Entre l'analyse de données qualitatives assistée par ordinateur et l'analyse de contenu se situe une autre forme d'analyse qui connaît un certain succès en France : la cartographie cognitive. Elle est issue du champ de la cognition et utilisée en gestion principalement dans le domaine de la stratégie. Initiée dans ses grands principes par Axelrod, Weick, Huff (1990), puis mise en oeuvre par la conception d'un logiciel (COPE puis DECISION EXPLORER) par Colin Eden. La cartographie cognitive est une représentation mentale que le chercheur se donne d'un ensemble de représentations discursives énoncées par un sujet ou un groupe à partir de ses propres représentations cognitives à propos d'un objet particulier.
Elle permet d'aboutir à des constructions théoriques individuelles par assemblage de concepts reliés par des liens causaux. Contrairement aux constructions théoriques classiques, elles évitent l'induction, l'interprétation en cherchant à retracer le plus fidèlement possible les propos des acteurs faisant l'objet de l'investigation ceci quasi immédiatement.

La construction théorique

Même si l'on peut parler d'une forme de construction des représentations dans l'approche précédente, on se trouve ici dans un courant résolument orienté vers l'abstraction, la conceptualisation. On se reportera aux chapitres précédents portant principalement sur la *grounded theory* et les approches de Miles et Huberman pour ne citer que les plus diffusées. Naturellement d'autres auteurs alimentent un débat très riche.

3.1.2 Lien entre analyse et logiciels

La séparation de trois différents types d'analyse, rapprochée de l'offre logiciel permet de tracer les grandes lignes délimitant un paysage touffu et de guider le futur utilisateur dans le choix d'un logiciel.
Comme toute modélisation d'un espace, la représentation proposée reste imparfaite ; en effet, il existe des recouvrements possibles dans l'utilisation des logiciels : ceux-ci peuvent être conçus pour remplir différentes fonctionnalités en vue de l'accomplissement d'un type d'analyse et en fait être utilisable en partie pour un autre type d'analyse. Autrement dit un logiciel dédié peut comporter des fonctionnalités d'appoint ; c'est par exemple le cas de DECISION EXPLORER, logiciel dédié à la cartographie cognitive, que l'on peut utiliser par interface avec le logiciel d'aide à la construction théorique NUD*IST / NVIVO. Dans ce cas on utilisera seulement la fonctionnalité « mapping » de ce logiciel.
Cette fonction est importante car elle permet une représentation de l'articulation des codes qui sera intégré dans le rapport d'analyse.

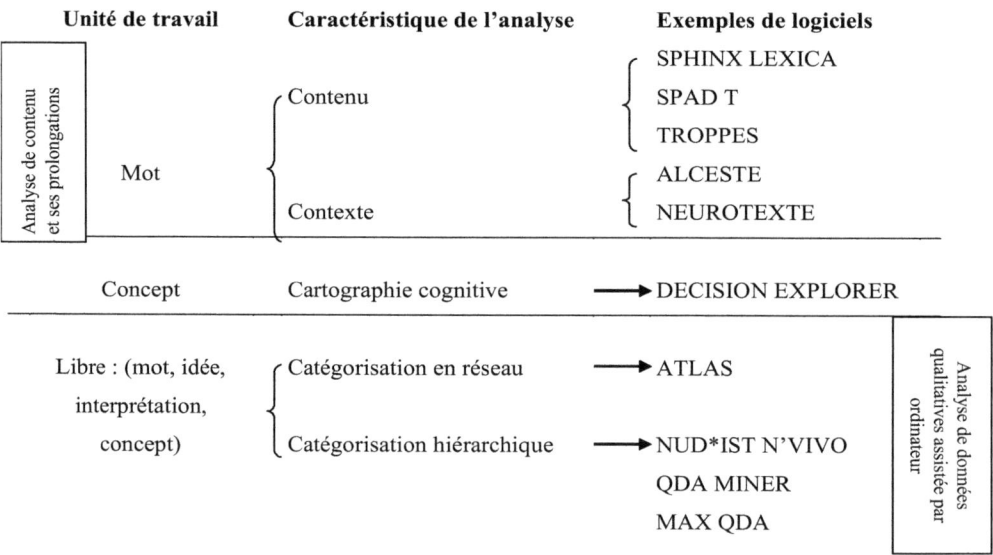

Figure 10 : Correspondance entre logiciels et type d'analyse

C'est ainsi que la figure précédente, établit une forme de définition des logiciels du marché.

Que penser des méthodes manuelles ?

Rappelons que l'utilisation de ces logiciels ne constitue pas une étape indispensable dans le processus méthodologique de la recherche. Il est tout à fait louable d'opter pour les méthodes manuelles soit par choix délibéré, soit parce que l'on ne dispose pas dans son laboratoire de recherche d'outil logiciel, soit parce que l'on n'a pas les moyens financiers d'investir pour un logiciel dont on ne connaît pas vraiment à l'avance ce qu'il va apporter à la recherche. Certains chercheurs privilégient les méthodes manuelles parce qu'ils entretiennent des sensations tactiles qui les aident à rester plus proches des données. Egalement le format d'une feuille A4 permet une visualisation plus riche que celle d'un écran réduite à une vingtaine de lignes. L'appropriation des données serait facilitée dans les méthodes manuelles.

Cependant ces réserves faites, les logiciels facilitent considérablement le traitement des données qualitatives et apportent des éclairages nouveaux. Ils permettent de pallier certains défauts des **Méthodes manuelles :**

- Perte de données
- Difficulté à gérer des données volumineuses
- Perte de temps pour coder les données, pour rassembler les données identiques
- Manque de crédibilité par rapport aux recherches quantitatives

Le **manque de crédibilité par rapport aux méthodes qualitatives** se situe en partie dans le fait que les méthodes manuelles ne facilitent pas l'exposition du processus qui a conduit aux résultats de la recherche, il est alors très difficile de contrôler la validité de la recherche.

Les avantages procurés par les logiciels

Les logiciels offrent certains avantages :

- Rapprochement vers les données
- Flexibilité de l'analyse des documents
- Gérer des idées
- Relier l'analyse au quantitatif (comptage...)
- Résultats quasi-instantanés (automatisation)
- Travail en groupe favorisé

Le **rapprochement vers les données** est favorisé par l'accessibilité via le code et l'extraction de texte lié au code. A contrario un texte mal codé, c'est-à-dire pour lequel une attribution de code ferait défaut, ne pourrait plus faire l'objet de cet avantage puisque l'analyste probablement occulterait le segment de texte omis par codage. Le code constitue le moyen d'accès aux données, ce qui signifie qu'un codage bien fait permet grâce à l'extraction de textes un rapprochement des données sur le mode de la comparaison.

On entend par **flexibilité de l'analyse des documents,** le fait de pouvoir changer de méthode, d'articulation des catégories en cours d'analyse. Imaginons par exemple qu'une catégorie en début d'analyse soit articulée d'une certaine manière, et que progressivement par comparaison, on s'aperçoive que cette articulation ne permette pas d'intégrer les éléments obtenus dans la suite de l'analyse, alors les logiciels permettront de casser la première articulation sans perdre les affectations de code pour adopter une autre articulation. On procède par exemple par la fonction « couper coller » des catégories pour façonner l'articulation des catégories selon l'évolution souhaitée avec une très grande facilité.

La **gestion des idées** s'effectue à deux niveaux : par les codes qui sont plus faciles à manipuler et que l'on considère ici comme des pointeurs d'idées et par les mémos.

L'avantage traditionnellement attendu est celui du lien entre **données et aspect quantitatif de l'analyse.** Les logiciels permettent bien souvent de pratiquer un **codage semi-automatique** consistant à repérer des mots avec leur contexte et de coder les segments de texte, de procéder à des comptages, d'établir des matrices permettant d'observer l'intensité des phénomènes observés, les obsessions des acteurs. Ici on trouve les aspects classiques attendus en analyse de contenu ; mais on peut aussi procéder par analyse booléenne et tester des variables (Ragin 1987).

Le fait de partager une même base de données permet de concevoir beaucoup plus facilement un travail de **codage en équipe**.

Mais aussi les inconvénients...

Du côté des inconvénients, le **manque d'information** à propos de ce que l'on peut attendre des logiciels, commence à être comblé car petit à petit des comparaisons permettent de dresser certains types de logiciels et de clarifier les résultats qu'il est possible d'obtenir (Bournois Point Voynnet 2002).
Les logiciels écrits en anglais parfois **manquent de convivialité** car ils emploient un jargon informatique auquel certains utilisateurs ne sont pas habitués.
Comme ces logiciels sont développés pour des diffusions restreintes, ils ne sont **pas toujours parfaitement au point ;** les concepteurs proposent par ailleurs de les tester soit avec des formules bridant le nombre de codes ou textes, soit en limitant l'essai dans le temps.
Les **utilisateurs non avertis peuvent attendre beaucoup plus des logiciels que ce qu'ils peuvent leur apporter** en réalité. La compréhension et la contextualité du discours restent le même problème avec ou sans aide informatique. Le logiciel ne construit pas une théorie à la place du chercheur, mais il soutient l'avancement, la progression du travail, l'émergence théorique. Même si l'informatique peut se révéler plus puissante pour la gestion des données, il est heureux que seul le chercheur dispose de l'inspiration créatrice pour transformer le travail réalisé via l'informatique en une abstraction porteuse de sens.
La tendance naturelle à abuser de son outil, à jouer avec les données peut provoquer un phénomène de **nuisance attractive**. On peut faire un parallèle avec la recherche quantitative. Tester des liens entre variables alors que ceux-ci n'ont pas été préalablement posés comme des hypothèses

constitue une tentation lorsque la recherche n'a pas donné de résultats suffisants.
Tant que l'on n'a pas véritablement utilisé le logiciel, on a de la peine à se figurer les avantages et les limites de l'outil. A ce titre, on rejoint la remarque faite à propos de la grounded theory, **difficilement enseignable.** Pourtant il existe des conseillers formateurs dans les grandes métropoles.
L'apprentissage de la pratique nécessite un accompagnement, un **entourage positif** qui par l'échange des pratiques permet la résolution de blocages. Il est à noter que la plupart des développeurs de logiciel ont développé des forums de discussion via internet qui apportent une solution à ce type de problème.

On peut remarquer également que l'arrivée de l'informatique suscite une réflexion en profondeur à propos de l'analyse des données alors que jusqu'alors les thèmes les plus développés avaient trait à la position épistémologique, l'accès au terrain, la relation au terrain, les problèmes éthiques. Les **problèmes d'analyse sont devenus centraux** dans la littérature anglo-saxonne (Bryman & Burgess 1994) (Coffey & Atkinson 1996) et peut-être le seront-ils aussi en France avec l'avènement des outils informatiques et l'adoption de ces techniques par les jeunes chercheurs.

3.2 Caractéristique des logiciels

3.2.1 Les logiciels génériques

Une première distinction (Weitzman & Miles 1995) (Richards & Richards 1995) peut être établie entre les logiciels génériques pouvant être adaptés et les logiciels dédiés à l'analyse de données qualitatives.

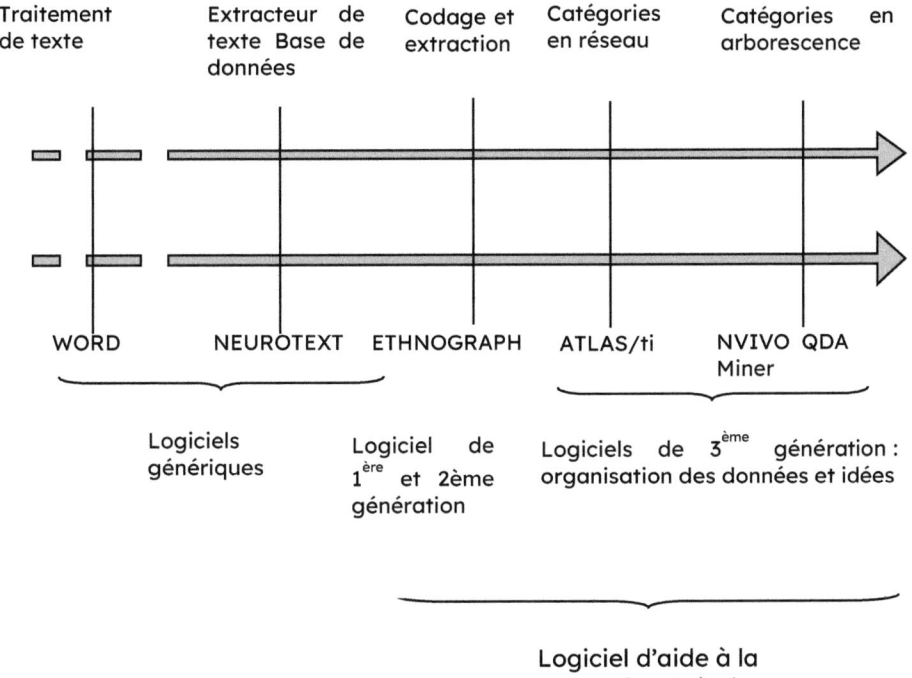

Figure 11 : Logiciels et fonction

Les traitements de texte

L'analyse de données qualitatives ne requiert pas nécessairement de logiciels sophistiqués, c'est la raison pour laquelle certains chercheurs ont tout simplement utilisé le traitement de texte et continuent à le faire. Il suffit par exemple d'insérer des codes mnémoniques au sein des retranscriptions ou des notes de terrain, de les positionner en marge du texte et de procéder à des actions du type « édition – rechercher ».

Les extracteurs de textes

Ce sont des logiciels qui balaient tous les fichiers électroniques en construisant un index.
Les recherches de mots peuvent aider à coder le texte de façon semi-automatique et intègrent les modalités à la suite.

Utilisation de caractères génériques

Un caractère générique est un caractère du clavier, tel qu'un astérisque (*) ou un point d'interrogation (?), que l'on peut utiliser pour représenter des caractères réels lorsque l'on recherche des fichiers ou des dossiers. Les caractères génériques sont souvent utilisés à la place d'un ou de plusieurs caractères quand on ne sait pas quel est le véritable caractère ou que l'on ne souhaite pas taper le nom en entier.

Astérisque (*)

L'astérisque remplace un ou plusieurs caractères. Par exemple, si on recherche un fichier dont le nom commence par « gloss », on tape :

gloss*. La recherche localise tous les fichiers, quel que soit leur type, dont le nom commence par « gloss », y compris Glossaire.txt, Glossaire.doc et Glossine.doc. Pour limiter la recherche à un type de fichier précis, on tape : **gloss*.doc**

Point d'interrogation (?)

Le point d'interrogation remplace un seul caractère dans un nom. Par exemple, si on a tapé **gloss?.doc**, la recherche localise Glosse.doc ou Gloss1.doc, mais pas Glossaire.doc.

les gestionnaires de base de données

Les bases de données sont organisées en enregistrement et champs. Elles sont un peu comme des index qui accepteraient des textes de façon plus souple et faciliterait des recherches complexes. Leur inconvénient est de plaquer une structure d'enregistrement ce qui va à l'encontre du principe de l'émergence des catégories (Kelle 1995).

3.2.2 Les logiciels dédiés à l'analyse de données qualitatives

Alors que les logiciels précédents ont tendance à faire partie en tout cas pour le traitement de texte, de la panoplie traditionnelle d'un chercheur ou d'un étudiant, il n'en est pas de même pour les logiciels spécialement conçus pour l'analyse de données qualitatives. C'est pourquoi le choix de leur utilisation (sauf participation institutionnelle, de l'université) détermine un engagement financier non négligeable.
Weitzman et Miles (1995) considèrent qu'il existe trois types de logiciels dédiés à l'analyse de données qualitatives : les logiciels de codage – extraction, les logiciels d'aide à la construction théorique basée sur des codes et les logiciels d'aide à la construction de réseau conceptuel. Il existe également des fonctionnalités nouvelles « les documents proxy » de N'VIVO ou de MAXQDA permettent d'effectuer des codages sans insérer de texte dans la machine, en utilisant des repérages visuels (par exemple les numéros de page d'un ouvrage).

Les programmes de codage - extraction

Avant l'avènement des logiciels, les analystes avaient recours à des procédures manuelles : ils pouvaient photocopier leurs transcriptions ou notes de terrain et couper les segments de textes pour les coller dans des index afin de structurer le matériau. Cette formule a été directement adoptée et mise en œuvre informatiquement par les fonctions « copier-coller » et « couper-coller ». Dans la formule du codage extraction, les programmes informatiques sont conçus pour allouer des codes à des segments de texte, et à extraire les segments de texte selon des formules booléennes complexes. Weitzman et Miles (1995) considèrent que cette méthode est beaucoup plus rapide et plus flexible que la vieille méthode « ciseau-papier ».

Les recherches booléennes

L'analyste spécifie une série de codes qui fait l'objet d'arrangements selon différents opérateurs..

Opérateur booléen	Fonction
Intersection	Trouve tous les textes codés par tous les codes de la série spécifiée
Union	Trouve tous les textes codés par un des codes de la série
Moins	Trouve tous les textes codés par le premier code spécifié mais pas par aucun des autres codes de la série spécifiée
Juste un	Trouve tous les textes codés par un seul des codes de la série spécifiée
Chevauchement	Trouve tous les textes codés par un des codes de la série (comme

	l'union) mais rejette les textes contenant seulement un code

Tableau 6 : Opérateurs booléens

Le tableau ci-dessus fait état des différents opérateurs possibles.
Afin de montrer ce que signifient les opérateurs booléens, une représentation est reproduite à la page suivante et consiste en une visualisation à l'aide d'un texte figurant à gauche et des barres verticales désignant les attributions des codes au texte.

Cette figure à la suite montre l'exemple d'un codage ligne à ligne. Les codes A et B affectent des segments d'un texte situé à gauche et sont représentés à l'aide des traits noirs verticaux. À droite figurent les combinaisons booléennes selon les opérateurs signalés dans les cadres en bas à gauche.

*3- 1.1 Qui a eu l'initiative des premiers accords ?   A   B

C'est moi, en toute immodestie. Moi, vous vous rendez compte. Parce qu'il y avait deux choses qui me motivaient. Tout d'abord, une conviction forte.... je suis un défenseur du contre pouvoir. Je ne peux pas répondre simplement à cette question. Pour moi, il n'y a pas de pouvoir efficace sans contre pouvoir. Donc je défends cette idée parce que pour moi, un DRH qui n'ait pas un espèce de contre pouvoir interne au pouvoir, ne sert rigoureusement à rien. Il peut le déléguer à sa secrétaire après tout. J'exagère. Donc cette conviction que je défends et à partir du moment où on vivait dans le groupe avec une contre pouvoir respecté depuis 20 ans même ça a toujours été une culture dans ce groupe. Le syndicat qui représente le contre pourvoir des salariés, la logique des salariés, il y a deux logiques de l'entreprise. Il y a toujours deux logiques dans une entreprise, je suis un ennemi du mot partenaire social. Pour moi ça n'existe pas. Parce que ça ne peut pas exister. Je vous ferais mon schéma. Tout ce que je dis est toujours un peu outrancier. Si ça c'est une entreprise, je dis qu'on n'évite jamais... l'entreprise idéale, c'est quoi? Je vais revenir précisément à votre question. C'est d'accepter qu'il y a une logique de la direction, une logique du pouvoir et une logique des salariés. Il n'y a aucune raison comme le souhaite, comme voudraient le vivre ceux qui se disent le partenaire social , il aucune raison qu'elle soient parallèles, aucune. Grand dieu pourquoi voulez vous que ce salarié là applaudisse à la fermeture de son usine, ce qu'il a connu depuis 20 ans etc. etc. Or la direction dans sa logique elle a raison et lui dans sa logique il a raison. Et pour moi il faut démystifier la grève. Il faut reconnaître ça. Et les relations sociales, c'est cet art introuvable de gérer les contradictions qui passe par un dialogue permanent. Si on ne se parle pas s'il n'y a pas la confiance, si à visage découvert on ne se dit pas les yeux dans les yeux, nous n'avons pas les mêmes logiques mais travaillons ensemble on donne du travail. Et on tire dans le sens du développement de l'entreprise. Il ne faut pas que l'on tire ensemble dans le sens du développement de l'entreprise. Toutes les institutions. C'est ça. C'est un dialogue institutionnel permanent. C'est la négociation. Trouvons intelligence etc. Europe se crée. Et bien l'entreprise doit devancer la directive parce qu'il n'y avait aucune raison d'attendre. C'était une volonté politique. Devancer la directive. Oui on l'a devancée de 4 - 5 ans. Je crois qu'on est dans les premiers à l'avoir fait. Mais par volonté politique. J'ai mis du temps à convaincre le comité exécutif. Parce que tu crées une institution de plus me disait-on. Non mais attendez, il faut savoir qu'appliquer, respecter le dit vive le contre poids, l'Europe allait exister, il allait y avoir une directive, n'attendons pas ça ne sert à rien. Et en plus de ça si on devance, plus pragmatique, si on devance la directive, on va pourvoir faire comme on a envie de faire et c'était l'acte un . C'est ça qui a décidé.

A intersection B

A union B

A chevauche B

A moins B

B moins A

Juste un

Figure 12 : Les opérateurs booléens en image

Les logiciels d'aide à la construction théorique fondée sur des codes

Bien que le but de la recherche qualitative ne soit pas immanquablement de construire une théorie, nombre de chercheurs sont tentés par cette voie. Il n'est par ailleurs pas indispensable d'utiliser les logiciels pour parvenir à la construction d'une théorie, certains même privilégient les approches manuelles. Ce stade du choix délicat entre méthode manuelle et assistance par ordinateur relève d'une stratégie où l'inclination du chercheur prend une large part.

Le processus de codage par l'intermédiaire des logiciels ADQAO est identique à celui réalisé manuellement (Kelle 1997). Les logiciels de troisième génération tels NVIVO QDA Miner et ATLAS/ti optimisent les techniques de codage suggérées par la *grounded theory* (Glaser Strauss 1967 ; Strauss Corbin 1990), ou par les travaux de Miles et Huberman (1994).

La troisième génération de logiciels va plus loin dans l'organisation et le traitement des données qualitatives (Kelle 1997) ; ils sont en premier lieu destinés à la construction théorique.
A la première lecture des entretiens émergent des codes pour logiciels comme QDAMINER dénommés « nœuds » dans le cas de NVIVO. Les remarques et inférences du chercheur sont systématiquement archivées dans des commentaires (appelés mémos), puis représentés à l'aide de diagrammes (Strauss Corbin 1990 ; Richards & Richards 1998). Au fur et à mesure que le codage avance, le chercheur construit sa théorie en organisant ses données sous forme d'arbre hiérarchique ou de réseau conceptuel.

Si le chercheur opte pour l'indexation hiérarchique, il organise les nœuds de manière à ce qu'ils forment une arborescence hiérarchique. La création d'un arbre facilite l'organisation de multiples codes identifiés. L'indexation hiérarchique proposée par NVIVO ou QDA MINER permet d'organiser rapidement les données non structurées en proposant au chercheur une vision claire. Ce système d'indexation permet de traiter un grand volume de codes et de les affiner (Richards & Richards 1998). d'augmenter et de compléter les possibilités de recherche textuelle obtenue à partir de la fonction *code & retrieve* (codage et extraction). Ces logiciels permettent facilement de croiser les codes avec les variables signalétiques pour obtenir des matrices de cooccurrences. Grâce à ces matrices, l'utilisateur peut extraire les segments de texte issus des croisements entre codes et/ou variables signalétiques des répondants.

Les logiciels d'aide à la construction de réseau conceptuel

Si le chercheur opte pour le réseau conceptuel, il organise les concepts sous la forme d'un réseau, qui permet d'aboutir à la construction d'une théorie émergente. ATLAS/ti permet au chercheur d'acquérir une grande flexibilité dans l'organisation des codes ; en revanche, le nombre de codes doit être restreint afin de ne pas rendre confuse la représentation graphique. À l'origine concernant le logiciel NUD*IST, le texte analysé devait être préalablement découpé suivant l'unité de traitement adoptée par l'utilisateur (mot, ligne, phrase, paragraphe ou document).
ATLAS/ti propose également l'utilisation de la fonction hypertexte[2] qui permet une plus grande interactivité entre le logiciel et l'utilisateur : elle lui offre la possibilité de créer son propre parcours de lecture parmi les segments de textes

sélectionnés ; la lecture des données n'est plus linéaire mais organisée et gérée par l'utilisateur (Coffey & Atkinson 1996) ; l'utilisateur visualise les différents segments identifiés et les relie en fonction de ses propres interprétations.

3.2.3 L'état de l'analyse de données qualitatives assistée par ordinateur

L'engagement dans les méthodes assistées par ordinateur

Si au départ les chercheurs en France privilégiaient les logiciels d'analyse de contenu, on constate du fait des exigences de la recherche que les logiciels ADQAO sont de plus en plus utilisés en sciences de gestion ; ils suivent le mouvement initié au Royaume-Uni par exemple, 40% des chercheurs en recherche qualitative (toutes disciplines confondues) connaissent ces logiciels spécifiques aux données qualitatives depuis une vingtaine d'années (Fielding & Lee, 1998). Les chercheurs en France bénéficient également d'offres de formation par exemple par la FNEGE.

Limites et contraintes associées à l'utilisation de ces logiciels

L'utilisation de ces logiciels nécessite avant tout un apprentissage plus ou moins long suivant les prédispositions du chercheur à utiliser des technologies avancées en matière de recherche. La convivialité des logiciels permettra néanmoins à l'utilisateur de rapidement prendre ces outils en main. Il reste cependant que la préparation des données en particulier le formatage des transcriptions, retarde le démarrage de l'analyse et donc rallonge d'une certaine manière le temps total de traitement.

L'un des risques lié à l'emploi de la technologie est d'orienter le chercheur vers des procédures de recherches qui soient faciles mais pas nécessairement appropriées.

3.3 Comparaison de logiciels

3.3.1 Quels utilisateurs ?

La question de la comparaison des logiciels a fait l'objet de divers travaux qui tendent à répondre à la question cruciale du choix du logiciel « quel est le meilleur programme », question posée par Weitzman et Miles (1995) à laquelle ils répondent avec justesse qu'il n'existe pas de programme universel idéal. Pour eux, le choix du programme dépendra du niveau informatique de l'utilisateur, du temps à disposition, du projet et du type d'analyse attendue. Trois niveaux sont pertinents :

1er niveau : Les analystes dont les compétences informatiques sont faibles commenceront probablement par utiliser le traitement de texte et s'habitueront au système d'exploitation MS DOS WINDOWS MAC etc.

2ème niveau : les personnes ayant un certain savoir-faire dans l'utilisation de l'informatique se sentiront plus motivées pour se lancer dans de nouveaux programmes : certains connaissent l'emploi de tableurs et des macro-commandes ; ces personnes seront tentées d'utiliser un tableur ou un système de gestion de base de données. L'usage de l'anglais peut être limitant pour les personnes à l'aise exclusivement en français qui risquent d'écarter l'offre logiciels écrits en anglais.

3ème niveau : l'analyse de données qualitatives assistée par ordinateur concerne probablement davantage les chercheurs à l'aise avec l'informatique et maîtrisant le vocabulaire informatique initial en anglais.

3.3.2 Chevauchement A.D.Q.A.O. et analyse de contenu

Les logiciels ADQAO sont destinés à analyser plus la structure (enchaînement des idées) que le contenu d'un corpus (occurrence du vocabulaire) (Richards & Richards 1998) ; ils peuvent être utilisés en version basse comme analyse de contenu et en version haute comme une aide à la construction théorique. En France, les logiciels sont parfois considérés comme des outils d'aide à la méthode manuelle du « couper / coller ». Ces logiciels permettent une classification très organisée des différents codes identifiés.

3.3.3 Les interfaces

Outre la construction théorique, NVIVO et QDA Miner permettent la construction de matrices qui peuvent ensuite être transférées dans des logiciels statistiques du type SPSS.
La prise en compte de variables signalétiques (les données démographiques selon la terminologie anglo-saxonne) permet les approches contingentes et la mise en évidence de contrastes existant entre les répondants. C'est le cas de NVIVO QDA Miner MAX QDA mais pas d'ATLAS ti.
Grosso modo on remarque que le logiciel que le logiciel ATLAS TI est fortement orienté réseau de concepts et qu'il permet une grande proximité des données.

	ATLAS ti	NVIVO	QDA Miner
Avantage principal	Visualisation des réseaux de concepts	Un outil très complet qui fonctionne à la fois sur Mac et Windows Il inclut les variables de contingence	Une facilité dans le codage Une puissance dans les cooccurrences de codes Une fonction de regroupement de codes permettant une analyse multiniveau
Inconvénients	Il n'inclut pas les variables de contingence	Un logiciel qui a évolué en réduisant la capacité de générer des commandes automatiques Une gestion des cooccurrences lourde	Fonctionnement direct en environnement Windows seulement Un arbre des codes qui n'est pas exporté sur Excel

Tableau 7 : Comparaison de 3 logiciels A.D.Q.A.O.

Le logiciel NVivo a été construit sur la base de l'expérience établie avec le logiciel initial NUD*IST. C'est un logiciel complet qui a néanmoins laissé de côté certaines facilitations de programmation (les autocommandes) pour incorporer certaines demandes du marché (analyse vidéo). Il est parfois un peu lourd en termes de fonctionnement et d'utilisation.

Le logiciel QDA Miner s'est construit à partir d'une expérience plutôt quantitative, et met à disposition des ressources en vue de quantifier les liens entre les données et ainsi de construire des réseaux à partir des cooccurrences des concepts. Il apparaît plus puissant dans la capacité à décrypter des généralités dans les données.

Logiciel version simple utilisateur et manuel	Prix standard	Tarif école - université
ATLAS TI 8 (Mac et Windows et tablette)	€1200	€75.00 la licence de 24 mois
Decision explorer / Banxia version lite gratuite	£495	£99
MaxQDA	€1020	€552
NVIVO 12	€550.00	€91.00 licence 24 mois
QDA Miner 5 Version lite gratuite	€2,013	€545

Tableau 8 : Tarif de logiciels (consultation 07/01/2020)

3.3.4 Le formatage des transcriptions

L'une des particularités des méthodes CAQDAS par rapport aux méthodes manuelles est la nécessité d'établir des transcriptions adaptées au logiciel qui vont être utilisées pour le traitement des données. Certains sites anglo-saxons offrent un guide des transcriptions **TRANSCRIPTION GUIDELINE FILE** (Oct 2001) http://caqdas.soc.surrey.ac.uk/packages.htm dont nous reprenons quelques points essentiels.

Au départ, les logiciels ne traitaient pas le texte dans sa forme « rich format » c'est-à-dire que l'on ne travaille pas sur des textes qui comportent des apparences contrastées comme le permet le traitement de texte avec l'emploi de caractères particuliers, des **couleurs**, de caractères en **gras**, en *italique*, souligné. C'est ainsi que des données initialement saisies sur traitement de texte et agrémentées avec des effets de présentation devront être pour les besoins du traitement, sauvegardées sous la forme de « *texte seulement* » ou « *texte avec saut de ligne* ».

À présent de nombreux logiciels offrent la possibilité de traiter des données en format « *rich format* » comme **QSR Nvivo** ou **MAX QDA** ou QDA Miner ou emploie un éditeur interne de texte qui permet de modifier le texte ce qui s'avère utile pour rectifier par exemple des fautes de saisie.

L'emploi des logiciels requiert une certaine préparation standardisée des documents.

A faire	A ne pas faire
Uniformiser les espacements entre paragraphes, entre les discours des personnes identifiées, dans les entêtes de questions (ceci facilitera la recherche textuelle ultérieurement)	Pas de ligne supplémentaire entre les répondants, les grands titres et les textes associés
Mettre un retour chariot supplémentaire pour séparer les paragraphes.	Ne pas compter sur le caractère gras ou italique pour repérer les répondants, mais utiliser à la place du texte même en abrégé.
Conseil +++ : Préparer un petit projet pilote avec 1 ou 2 fichiers ; procéder à quelques codages extraction pour essayer et procéder à des modifications si nécessaires.	Ne pas conserver la présentation sur un grand espace mais utiliser les marges à gauche et à droite de 3,5 cm de chaque côté car la page ne peut être prise en compte dans son intégralité.

Tableau 9 : Les conseils généraux de formatage des textes

Le tableau à la suite permet de différencier deux types de logiciels : Atlas TI centré sur le réseau conceptuel et les autres logiciels centrés sur une catégorisation en arborescence.

	ATLAS/ti	NVIVO et QDA Miner
Genèse	Relier les idées et concepts entre eux	Déterminer des modèles contingents
	Construction théorique Réseau conceptuel	Index hiérarchique
Apports du logiciel	Construction progressive d'un réseau conceptuel (relier les différents concepts identifiés) grâce à la fonction hypertexte qui permet d'isoler les segments de texte pertinents d'après le chercheur.	Construction d'un arbre des catégories. Construction de matrices de contingence à partir des interprétations du chercheur
	Ces logiciels gardent l'historique des interprétations successives du chercheur	
L'exemple de la formation continue	Permet de développer et d'approfondir les concepts.	Le logiciel permet d'établir des données contrastées selon des regroupements d'acteurs et les variables signalétiques
Valeur ajoutée	① Résultats produits	① Résultats produits ② Volume des données
Limites	Impossible de définir des variables de contingences	Lourdeur des « allers – retours » de codage
Contraintes	① Volume des données (au détriment de la production d'un schéma (réseau conceptuel) clair et précis) ② Préparation préalable du texte à coder (définir les segments de texte)	① Temps (le codage est une démarche lourde)
Frustrations	① Le côté « brouillon » du réseau conceptuel	① Faiblesse de l'interface graphique (arbre peu visible) ② Lourdeur de production de rapports (pas de « rich text »)

Tableau 10 : L'apport des logiciels Atlas et Nud*ist pour l'analyse des données qualitatives en sciences de gestion

A partir d'une recherche (Bournois, Point, Voynnet 2002)

L'analyste procéde à une préparation de son texte, à une mise en forme selon la souplesse offerte par le logiciel. Les logiciels ont beaucoup progressé dans ce domaine.

Il est possible par exemple avec le logiciel QDAMiner de produire une analyse multi cas sur un seul document dont on aura préalablement indiqué les ruptures de cas. Cela peut être utile lorsque l'on travaille sur une question ouverte faisant l'objet de réponses par plusieurs personnes dans un focus groupe.

Le logiciel procure un moyen modulable, évolutif et puissant d'archivage des données en support au travail très personnel de l'analyste. Cependant l'interprétation reste entièrement à la charge de l'analyste qui emploie en quelque sorte un outil limité au management des données. L'emploi des logiciels se répand dans de nombreuses recherches et est associé à un label de reconnaissance, à l'appartenance à une communauté déployant certaines méthodologies qualitatives.
Cependant le recours à un logiciel n'est pas une garantie suffisante de la qualité en particulier si l'on ne décrit pas la charpente méthodologique qui sous-tend l'analyse. Ces choix permettent de valider la recherche au sein d'un cadre défini par des éléments tels que la description du processus de catégorisation engagé, de l'emploi ou non de la comparaison constante, des regroupements de données, la production de matrices, de l'orientation stratégique (cas / variable), des représentations graphiques, de la position face à l'induction et la déduction…

4 EXPERIENCES ET ILLUSTRATION D'UNE DEMARCHE DE CODAGE

Combinons « analyse de données qualitatives » et « logiciels » par l'intermédiaire d'une illustration de la pratique d'analyse. Nous proposons trois exemples afin d'illustrer la démarche de codage tout d'abord un exemple de type thèse qui porte sur un thème de la gestion des ressources humaines, le comité d'entreprise européen (Point Voynnet Fourboul 2006), ensuite un exemple de codage axial toujours dans le domaine des ressources humaines qui a servi à une production scientifique de type article, enfin un travail de cooccurrences approfondies proposé dans un chapitre d'ouvrage (Voynnet-Fourboul 2017) évoquant la question de la mesure des valeurs spirituelles.

4.1 Le cas « management du comité d'entreprise européen »

L'intérêt de ce cas est qu'il présente un travail de méthodologie appliquée à une **recherche de type thèse**. Généralement les jeunes chercheurs lorsqu'ils produisent une thèse vont consacrer trois années d'approfondissement d'un sujet et lorsqu'ils emploient des méthodes qualitatives, il est alors possible de consacrer beaucoup de temps au terrain et de récolter de nombreux entretiens (entre 30 et 40 en moyenne).

Une autre caractéristique de ce type de recherche et que le jeune chercheur découvre le codage et parmi toutes les techniques celle de Strauss et Corbin (1998) apparaît très adaptée pour une première mise en œuvre du codage.

Dans la recherche qui va être proposée, il est question d'explorer une instance de dialogue social : le comité d'entreprise européen instituée par la voie d'une directive européenne du 22 septembre 1994. Cette arène qui rassemble à la fois des figures diverses côté employeurs (dirigeants, DRH, directeur des relations sociales) et côté salariés (des syndicalistes français et européens, des observateurs syndicalistes européens) peut être voulue dans certaines entreprises françaises qui les ont déjà mis en place en tant que précurseur pour servir des besoins d'accompagnement des restructurations, ou peut être née de la volonté de mise en conformité par rapport à la loi. La raison d'être de ces instances étant donc très différente selon les entreprises, l'une des questions centrales de la thèse consiste à distinguer les différents comités d'entreprise européens en termes d'efficacité et de développement dans ce qui pourrait être qualifié de pleine maturité.

4.1.1 Présentation du contexte d'analyse

Caractéristique des données

L'échantillon est constitué de 36 Directeurs des Ressources Humaines, membres de syndicats permanents ou de différents comités d'entreprise européens, qui ont été interrogés dans différentes langues. Compte tenu du **volume important des données** recueillies (retranscription de plus de 1000 pages), le recours à des logiciels d'aide à l'analyse des données qualitatives paraissait assez évident pour gérer une quantité importante de données : le logiciel NUD*IST devenu aujourd'hui NVIVO complété par DECISION EXPLORER ont été choisis car NUD*IST (NVIVO) était un des rares logiciels d'aide à la construction théorique à l'époque et il bénéficiait d'une fonctionnalité principale de **production de matrices** (Bournois Point Voynnet 2002). Cela correspondait donc bien aux besoins de différencier les comités d'entreprise européens entre eux par contexte qui sera opérationnalisé par des variables (principalement l'entreprise).

Les impératifs du projet de recherche

L'obtention des matrices est un avantage considérable en gestion, puisqu'il permet de prendre en compte par exemple les appartenances du répondant : (appartenance à une entreprise, à une institution, à une fonction etc.). Ainsi il sera possible de tenir compte du caractère contingent de la gestion des ressources humaines en particulier lorsque l'on a choisi d'investiguer un terrain aux données contrastées. (Voir choix de l'échantillonnage **Tableau 2**).

Le souci de **produire des monographies**, donc une approche orientée cas (**Figure 9 : Le mix analytique**) fait partie des objectifs du projet de recherche. Il est à noter que ces 36 répondants peuvent être regroupés en 7 cas : 1 cas des organisations de représentation, et 6 cas d'entreprise. Ces cas vont faire l'objet de monographie, décrivant une histoire autour d'un contexte unifiant selon le critère choisi (ici l'appartenance institutionnelle : chaque entreprise et les organisations syndicales) ; il aurait aussi été possible de produire des monographies par D.R.H., par représentants des salariés etc. L'idée est d'analyser chaque sous-groupe dans le but de déceler une logique pour chaque ensemble et de relater une histoire contextualisée.

L'objectif est également de procéder à une **approche orientée variable** (cf. **Erreur ! Source du renvoi introuvable.**) et de se concentrer sur les « obsessions » des acteurs.

Question délicate : le choix des étapes

Lorsque le chercheur décide de procéder à la fois à une approche orientée cas et une approche orientée variable se pose le problème crucial de l'ordonnancement du travail d'analyse. Dans le cas présent, le choix a consisté à

commencer par l'approche orientée cas et de procéder ensuite à l'approche orientée variable. Cependant ce choix est loin d'être évident et engage considérablement le travail du chercheur. Les hésitations peuvent faire perdre un temps précieux, voici **ce qui peut justifier un tel choix :**
Lorsque le travail d'analyse et de codage commence, on n'a pas encore terminé tous les entretiens, on n'est pas certain du nombre d'entretiens nécessaire pour saturer les données et on ne dispose pas de toutes les données retranscrites. On a donc intérêt à pratiquer une **analyse intermédiaire** également préconisée par Miles & Huberman (1994). Cette analyse intermédiaire sert de base à la constitution de monographie et permet de gagner progressivement en compréhension et en facilité d'interprétation. Il facilite l'analyse comparative par groupe.
Dans le cas présent, le **nombre de cas se présente plus petit que le nombre de variables principales** (estimé à une dizaine et fixé à 12 au bout d'une dizaine de retranscriptions codées). Il semble donc économique en termes de temps de commencer par le plus petit nombre de regroupements. En effet gérer un grand nombre de sous-ensembles est plus délicat au moment où l'on entre dans l'analyse et que l'on n'a pas encore la maîtrise de la compréhension des faits investigués. Si l'on fait référence à la recherche de Sébastien Point (2001), celui-ci a au contraire commencé par l'approche orientée variable justement parce que le nombre de cas était plus important dans cette recherche.

La catégorisation

Gestion d'un grand nombre de codes

Le processus de codage utilisé dans cette recherche a abouti à l'identification de plus de 700 codes (sur la base de recherches identiques et à titre de comparaison, la littérature

considère généralement une moyenne de 500 codes (Fielding Lee 1998)). Miles & Huberman (cf. réduction des données) conseillent quant à eux un nombre restreint de codes et il est vrai qu'il s'agit de gérer ses codes sur le plan pratique. Or un grand nombre de codes pose certains problèmes d'affichage. Les logiciels ne proposent pas un affichage sur une ou deux pages d'un grand nombre de codes. La solution pratique retenue consiste
- à envoyer la liste de codes générés sous NUD*IST dans un tableur afin d'obtenir une liste formatable en une ou deux pages de façon à coder à l'aide d'un support concentré. (utiliser la fonction de mise en page du programme Excel ou Word) QDA Miner ne le permet pas
- à compléter manuellement la liste des nouveaux codes
- à éditer pour chaque sous-ensemble une nouvelle liste de codes mis à jour.
- À conserver les différentes listes pour analyser l'évolution du codage et opérer les fusions, suppressions, déplacements de codes nécessaires.

Le conseil qui serait à donner à présent reste de limiter le nombre de codes. Si cette recherche par exemple avait été effectuée avec le logiciel QDA Miner on aurait pu conserver un très grand nombre de codes et utiliser l'option de regroupement des codes dont on expliquera ensuite l'intérêt.

Aboutir aux catégories-mères

Erreur ! Source du renvoi introuvable. Aboutir aux catégories mères présente la première étape de cette recherche : la segmentation en **codes thématiques principaux** (ou **catégories-mères**). Nœuds / codes et catégories peuvent être employés pour désigner le même support ; toutefois il existe une différence fine entre ces deux désignations : si les nœuds (terme générique employé par les concepteurs de NUD*IST) ou codes (généralement utilisés pour les autres logiciels) constituent des raccourcis les plus proches possibles du discours brut, la catégorie, elle, est une notion plus abstraite, qui est pensée en terme d'articulation. Il est possible d'employer toutefois les termes indifféremment car le processus d'abstraction constitue une sorte de glissement du code vers la catégorie.

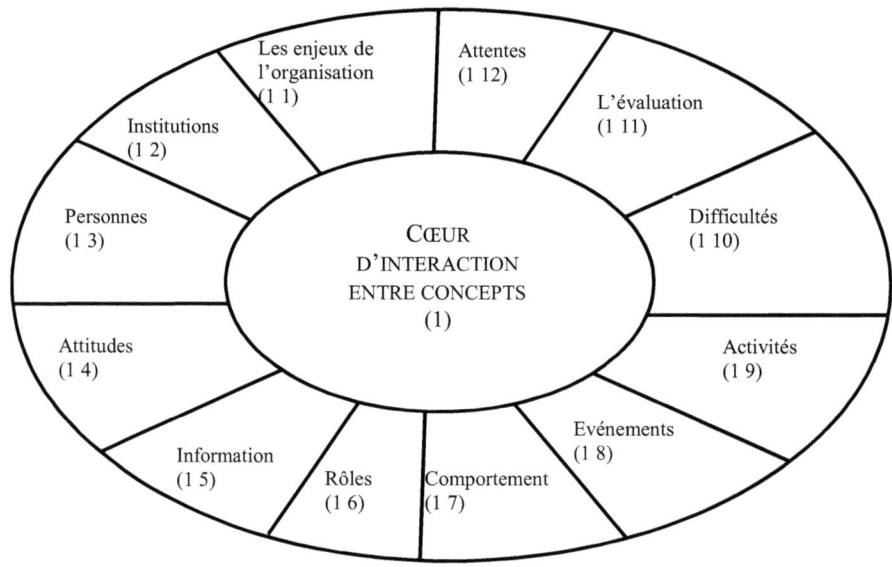

Figure 13 : Les 12 catégories principales du codage

Rappelons que le logiciel employé propose soit une catégorisation libre soit une **catégorisation arborescente.** Cependant à l'usage on se rend compte qu'il est préférable d'entrer très vite dans la catégorisation, c'est-à-dire dans l'organisation des nœuds. C'est par exemple ce qu'impose directement le logiciel QDAMiner. Cela ne pose pas vraiment de problème dans la mesure où les logiciels permettent très facilement une réorganisation de la structure des codes.

Avec le logiciel on peut se contenter d'un positionnement très provisoire des codes en début de codage.

Pourquoi est-ce que les concepteurs de logiciels proposent ou imposent cette structure arborescente ? En fait, l'utilisation des calculs de matrice n'est véritablement opérationnel que pour les nœuds organisés de façon hiérarchique.

La façon de catégoriser de manière hiérarchique a déjà été décrite **Figure 5 : Catégorie, propriété et dimension**. La structuration hiérarchique ou verticale porte le nom d'arbre dans le logiciel NUD*IST NVIVO.

Nœuds / Codes et positionnement dans l'arbre

Pratiquement on crée un nœud en identifiant sa position dans l'arbre ; par exemple le nœud Information fait partie de la branche 1 et de la sous-branche 5. Il est parfaitement identifié par la position suivante : (1 5) qui est en quelque sorte son adresse. Lorsque l'on sera amené à générer un nouveau code lié à la nature de l'information, par exemple une information satisfaisante, on générera le code (1 5 1) : information satisfaisante.

La branche 1 comporte les codes variant par unité de texte et la branche 2 comporte les codes que l'on peut affecter à l'ensemble d'un texte. Cette branche 2 permet de faire figurer les variables signalétiques du répondant.

Le processus de catégorisation

Le choix de ces catégories-types résulte d'un processus et d'une réflexion.

1- Les premières catégories-mères suivent les éléments-clés du guide d'entretien (en particulier les éléments théoriques de départ, les questions de recherche, selon l'approche déductive préconisée par Miles et Huberman (1994)). Par exemple, le code « information », provient d'une question de la problématique : « la qualité du comité d'entreprise européen est-elle liée à celle de l'information qui y est diffusée ? Dans ce cas, que signifie une bonne information ? Cette problématique a servi à établir le guide d'entretien et l'on retrouve assez naturellement ce thème. Ensuite la lecture des transcriptions permet de trouver des idées qualifiant la nature de l'information, ; ces idées seront intégrées dans le code d'information de départ.

2- Les autres catégories sont nées de l'interaction entre les données recueillies, des interprétations des codes et des relations des nœuds entre eux (phase inductive).

Lorsque nous lisons notre texte, nous relevons un fait, un thème, une idée que nous estimons avoir de l'importance dans l'interprétation future des données. Nous lui attribuons un code (ou nœud), à son tour placé dans l'une des catégories principales (Araujo *in* Kelle, 1995).

Chaque nœud ou catégorie possède alors une adresse spécifique, correspondant à la place de ce nœud dans l'arbre des catégories organisé de manière hiérarchique comme nous venons de le voir. Si certains nœuds, au début de notre processus, étaient positionnés comme des **codes secondaires (ou sous-catégories), ils se sont constitués en codes principaux au fur et à mesure** que nous leur accordions de l'importance. Le terme « **au fur et à mesure** » implique que le temps est passé à lire, relire, réduire, relier, remettre en perspective, interpréter, comparer et penser les textes.

Les 12 catégories principales représentées n'ont pas été constituées au départ de la recherche mais constituent une certaine forme d'aboutissement dans l'arrangement des catégories ; c'est en soi un résultat intermédiaire de la recherche. Il a fallu coder **une dizaine de transcriptions**, pour stabiliser les 12 catégories principales de l'arbre des index.

Cela montre combien le codage est un **processus progressif et itératif. L'articulation des codes les uns par rapport aux autres ne cesse d'évoluer dans cette première phase d'analyse.**

4.1.2 Le codage ouvert ou l'identification des codes

Au cours de cette première étape du processus de codage, il s'agit de repérer les différents codes dans le corpus analysé. Les codes ainsi identifiés viennent se greffer autour de catégories principales identifiées en amont du travail (cf. la démarche théorique et conceptuelle de Huberman et Miles (1998)) ou établies au fur et à mesure du codage. Dans la version puriste de la *grounded theory* ces catégories principales ne sont pas fixées à l'avance. Généralement, dans la majeure partie des travaux de gestion de chercheurs dispose de quelques catégories principales que l'on retrouve par exemple dans son guide d'entretien.

Au fur et à mesure de la lecture des transcriptions, de nouveaux codes sont créés et s'ajoutent aux codes préexistants. Ces codes sont ainsi attribués à des <u>unités de texte.</u>

L'unité de texte

Ces unités de texte sont le plus souvent définies par l'analyste ; en effet certains logiciels obligent à formater les données en sectionnant chaque texte selon une unité. C'est ainsi que l'on choisira comme unité le mot, la phrase, la ligne, le paragraphe ou document. **<u>Le choix de l'unité de texte est une étape de la stratégie d'analyse.</u>** Le choix de l'unité de traitement n'est pas aussi capital que pour les logiciels très automatisés dont la visée n'est pas la construction théorique mais l'analyse discursive. Etant donné que la statistique lexicale n'est pas l'objectif des logiciels ADQAO, l'unité de traitement doit être adaptée aux choix de traitement que le chercheur souhaite mettre en œuvre.

Les logiciels qui aident à la construction théorique, ont de nos jours beaucoup progressé et permettent de sélectionner le texte que l'on veut coder de façon très libre. Ainsi on peut choisir alternativement toutes les modalités.

Cependant il reste toujours à choisir l'ampleur de sa sélection. Par exemple, **une analyse des cooccurrences entraîne une sélection un peu plus large telle que le paragraphe.** Il existe un débat à ce sujet. Le choix dépend de la question de recherche, du matériau, du style de l'analyste, du type de recherche qualitative. Dans la pratique, le choix d'une sélection plus étendue représente bien des avantages. Il permet lors des extractions (codage – extraction) d'obtenir un segment de texte utilisable plus facilement si l'on souhaite **reproduire des citations intégrales** et comme il comporte un assez grand nombre d'informations, il permet de retrouver plus facilement le sens du message véhiculé et son contexte. Il facilite également les procédures d'automatisation ; par exemple, le **calcul de coocccurrences** sera plus pertinent sur un paragraphe que sur une petite unité de texte. Plusieurs idées, thèmes peuvent être contenus dans un même paragraphe ce qui est plus difficile dans les plus petites unités de texte. Avec l'objectif de comptage des cooccurrences, le choix du paragraphe ou d'une section plus large du texte s'impose. Il s'agit donc pour l'analyste de prendre le temps de la réflexion à ce stade.

Bien évidemment, une unité de texte peut ainsi être affectée par plusieurs codes (voir exemple ci-dessous). Dans cet exemple, nous naviguons entre données brutes et catégories. Ces itérations permettent d'obtenir une certaine complétude des codes (ce que Miles et Huberman (1998) appellent la saturation, c'est-à-dire lorsque de nouvelles données n'ajoutent rien à la signification de la catégorie).

Démarche de codage

Voici un exemple pour illustrer concrètement la démarche de codification situé ci-dessous (cf. figure 4) qui montre comment à partir du discours des répondants évoquant la fréquence des réunions, une communication régulière et même une information continue ; on se focalise sur un même label, l'information continue, devenu code in vivo puisque employé par un des répondants ; cet exemple permet :
- D'introduire le nœud « *information continue* » (de voir quelle définition en fait le répondant, quels sont les autres nœuds sous-jacents (nombre de réunions) ou nœuds explicites (information compréhensible) qui sont reliés), (entretien #1)
- De comparer ce nœud d'une situation de gestion à une autre (il s'agit à notre sens toujours du nœud « *information continue* », mais **dans des contextes différents),**
- **D'interpréter le nœud** (l'information continue est ressentie comme une attente du secrétaire, elle a pour but d'actualiser la nature de l'information et elle s'accompagne de la dimension relationnelle entre les différents acteurs, elle nécessite communication et relation régulière entre les personnes (entretien #2),
- D'aborder par exemple les contraintes multiculturelles et linguistiques. Sont ici exprimées la nécessité de la régularité, mais aussi la **difficulté de la mise en œuvre** (de l'information continue). Cet entretien conforte l'idée que la qualité de l'information va être un facteur de différenciation entre les entreprises (celles qui jouent le jeu véritablement et celles qui se contentent d'appliquer la loi). Cet entretien oriente également sur la dimension de

continuité de l'information, propriété jusqu'ici non intégrée (entretien #3).

Ces exemples de codage montrent comment les nœuds s'enrichissent dans leur définition, qui intègre la relation avec d'autres idées et deviennent progressivement des notions plus larges, peu à peu assimilables à des concepts :
- dans le premier cas l'information continue a une valeur explicative, pédagogique, et nécessite une relation régulière,
- dans le deuxième cas, l'information continue est une attente des participants et une façon d'actualiser les données,
- dans le troisième cas l'information continue est à la fois une difficulté et un critère de segmentation des entreprises.

C'est ainsi que le processus de codage permet **après comparaison** des textes affectés par les codes de **délivrer le sens** lié au code.

L'idée de la comparaison des nœuds d'une situation de gestion à l'autre fait appel à un éclatement par rapport à l'organisation de la première analyse. En effet en procédant à l'issue du codage ouvert à une monographie relatant un cas **(intra cas)**, les comparaisons des nœuds se produisent **dans un contexte unifiant**. Dans cette seconde étape, au contraire on casse la frontière du cas, pour produire des **comparaisons trans-cas.** Un cas ou un regroupement quelconque constitue un niveau supplémentaire nécessaire à la compréhension dans un premier temps, mais qu'il est utile de faire sauter à mesure que l'on entre dans le processus de théorisation. Les frontières des cas sont dissoutes de façon à examiner les variables, les concepts dans leur ensemble. Le codage axial et surtout sélectif s'adresse à l'ensemble des données.

Entretien #1

...

Moi je crois que la première des choses, c'est d'avoir joué la carte de l'information continue, j'insiste là-dessus, parce que pour moi c'est fondamental. C'est-à-dire qu'il n'y a pas un projet, qui arrive comme ça, que cela tombe dessus, sans qu'ils comprennent quelle est la logique de l'entreprise, d'où ça vient, à quoi ça correspond, à quoi ça répond etc. on n'a jamais dit : voilà cela va se passer dans tel endroit, on ne le savait pas forcément à cette époque-là, mais que cela s'inscrive dans une logique d'évolution dont ils comprennent le sens. Qu'on ait pu suffisamment en amont, dans une certaine mesure, une fois que nous-mêmes, commencions à dire voilà à peu près où on voudrait aller, travailler avec eux. Cela me paraît le critère tout à fait fondamental. C'est pour ça que cela nécessite effectivement de se voir beaucoup. Le deuxième, c'est un peu ce que l'on vient de dire, c'est la proximité de la relation. C'est sûr que, si on entretient de bonnes relations humaines, avec un certain nombre de gens, on arrive à dire les choses plus facilement, plus simplement. Je crois que cela permet que même si on traverse des périodes difficiles, le contact ne soit jamais rompu et qu'on puisse faire un peu la part des choses.

Entretien #2

...

Non, une autre voie très facile est qu'il y ait plus de contacts entre le comité restreint composé de 6 personnes et la Direction, avec des réunions plus fréquentes, des meilleures informations et des informations mises à jour, pas des informations de l'année écoulée.

...

(1 5 2 17) /Données/l'inform. /car.info/ information continue
(1 5 2 26) /Données/l'inform. /car.info/ inform. Compréhensible
(1 9 2) /Données/Activités / les travaux CEE
(1 11 1) /Données/évaluation /satisfait
(1 2 2 2 1) /Données/ institutions/ moyens /réunions/ Nbr réunions
(1 7 9) /Données /Comportement membres /Les relations

(1 2 1 3) /Données/ Institutions/ struct. C.E.E./ instance restreinte
(1 5 2 17) /Données/ l'inform. / car. info/ information continue
(1 12 1 2) /Données/ Attentes/ Amélior. possibles/ informations
(1 2 2 2 1) /Données/institutions / les moyens/ les

Entretien #3 ... Mais, l'important aussi, c'est qu'il y ait communication régulière et c'est sans doute une des choses très difficiles. C'est déjà difficile à faire quand on est sur un pays, que l'on est monolingue et quand on est mono-culturel. C'est éminemment beaucoup plus difficile, quand c'est multilingue, multiculture et sur des données, qui ne sont pas apparemment toujours l'immédiat quotidien. Cela suppose tout un travail de captage de l'information, de circulation, de traitement de l'information dans les 2 sens. C'est l'un des problèmes redoutables pour les comités. D'ailleurs, tous les comités ont tous conscience, que ce soit du côté de la Direction, quand la Direction veut jouer le jeu ou que ce soit du côté des travailleurs.	réunions/ Nbr réunions **(1 12)** Attentes **(1 5 2 17)** .../ Information continue **(1 11)** Evaluation **(1 10 1)** Difficulté du C.E.E./ Langues **(1 10)** Difficulté du C.E.E.

Figure 14: Illustration de la première étape de codage

Le passage au codage axial

Identification des catégories-clés

Dans cet exemple, l'information continue se rattache à une catégorie plus générale : «l'information». D'autres codages portant sur d'autres propriétés de l'information ont été menés de la même manière. «L'information» apparaît comme une catégorie-clé déclinée avec ses propriétés et ses dimensions. Une propriété est par exemple : «une information complète» et deux dimensions dichotomiques de cette propriété ont été considérées : la dimension qui constate l'existence ou la non existence de la propriété. On dira qu'une information est «faiblement» complète versus qu'elle est «fortement» complète pour exprimer son existence ou pour exprimer le contraire. La catégorie information en devenant un axe du codage s'interprète et se représente comme une **catégorie axiale**.

Représentation hiérarchique
À la suite figurent les propriétés de la catégorie « information » située au centre de la figure (les dimensions n'ont pas été positionnées de façon hiérarchique dans un souci de clarté pour alléger la figure).

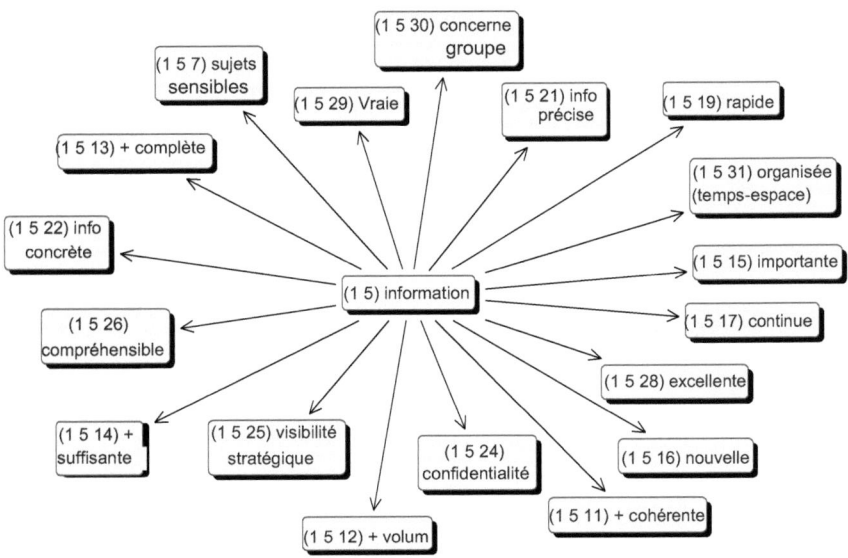

Figure 15: Un exemple de codage axial sur la catégorie "information"

Matrice de rapprochement catégorie - répondant

Si la démarche de codage présentée dans cette communication s'apparente au processus élaboré par Strauss et Corbin (1990), le chercheur peut toutefois multiplier à ce stade du codage la création de matrices (l'ouvrage de Miles et Huberman (1994) permet en effet la confection de bon nombre de matrices suivant l'objectif et le processus de recherche suivi).

Information	Représentant au comité d'entreprise européen	Syndicat permanent	Coordinateur Europe	Direction relations sociales	Total	Représentant au comité d'entreprise européen	Syndicat permanent	Coordinateur Europe	Direction relations sociales	Total
Dimensions	Information faiblement :					Information fortement :				
Propriétés										
Complète	4	4	1		9	1	2		4	7
Suffisante	4	3	2		9		1			1
Nouvelle	7	1	1	1	10	2	1			3
Précise		3		1	4	1			1	2
Non sensible	10	4	1	2	17	1		1	4	6
Confidentielle		2		1	3	3	5		4	12
Volumineuse	2				2	3	2	1	2	8
Cohérente	1				1	1				1
Concrète			1		1	2		1	1	4
Organisée (temps-espace)	2		1		3				3	3
Compréhensible	1				1	2	2		2	6
Continue						2	1		3	6
Vraie						1		1	3	5
Excellente						2		1	3	6
Unilatérale	1		2		3					
Importante						1	1			2
Superficielle	1				1					
Visibilité stratégique	3	3			6	5	3	1	4	13
Rapide						1				1
Total	36	20	7	7	70	28	18	6	34	86

Tableau 11 : Fréquence de la catégorie "information" déclinée par propriétés et dimensions selon les fonctions des répondants

Le logiciel utilisé permet de dresser des **matrices d'occurrences** c'est-à-dire calculant les fréquences pour les propriétés de la catégorie axiale « information ». Il est ainsi possible d'obtenir les occurrences à chaque niveau du codage (catégorie principale (information), secondaire : propriété (information continue), dimensions (degré de complétude) selon 4 groupes d'appartenance des répondants (Représentant au comité d'entreprise européen, Syndicat permanent, Coordinateur Europe, Direction relations sociales). Le tableau 3 croise les propriétés de l'information avec l'appartenance des répondants à l'origine de ce type d'idées.

Voici à la suite un exemple de commentaire de la matrice évoquée au tableau précédent :

| Le codage axial permet : | Illustration avec les éléments de la recherche : |

- de mettre en évidence des *différences de jugement entre les différents acteurs* (par exemple, l'information est jugée de façon plutôt négative par les représentants et plutôt positivement par les Directions).

  → Les Directions consacrent l'essentiel du temps aux informations qu'elles souhaitent transmettre au détriment de celles que souhaitent obtenir les représentants.

- de révéler des *liens entre sous-catégories* par exemple le lien entre information insuffisante et sujet sensible.

  → L'information est en particulier insuffisante, en ce qui concerne le volet social des objectifs stratégiques. Pour décrire l'insuffisance, on emploie les termes de « sommaire » et non adapté aux attentes très concrètes des représentants, qui souhaitent que les sujets portent sur leur site de travail, alors que les Directions sont plus à l'aise pour évoquer les objectifs ou réalisations au niveau du groupe.

Le passage au codage sélectif

Avec le codage axial, il a été possible d'observer la façon dont s'organisait une catégorie-mère « l'information ». Une troisième étape consiste à élargir la recherche de liens entre nœuds quelle que soit leur position hiérarchique. Les codes ne sont alors plus être pensés d'une manière structurée ou ordonnée et c'est l'occasion de privilégier une approche différente, plus flexible, par réseau (on parle alors de « réseau conceptuel »). Plusieurs manières d'analyser les liens entre les codes sont à la disposition du chercheur.

Approche globale

Le chercheur peut au fur et à mesure de la lecture des transcriptions en se référant au sens, décider de comptabiliser les liens entre chaque code ; dans ce cas il utilise une **approche globale**. L'unité choisie est la transcription complète. Cette méthode s'avère lourde si elle est exécutée manuellement ; il est possible toutefois se concentrer sur les seuls codes qui intuitivement lui apparaissent importants. L'intérêt réside dans l'expression d'une logique mais les risques de perte de liens constituent la grande faiblesse de cette approche. Cette approche peut aussi être employée sur un cas unique qui regroupe plusieurs entretiens et donc plusieurs perspectives.
À titre d'exemple il est possible de consulter le cas Rhône-Poulenc dans ma thèse accessible (sur mon site voynnetf.fr).

Recherche de liens

Quantifier les liens
Une autre solution consiste à systématiser la procédure et à automatiser les requêtes de recherche de liens grâce à une commande du logiciel. Les liens sont détectables grâce aux

cooccurrences entre nœuds. Dans ce type d'exercice, l'unité choisie doit être suffisamment large pour que l'on puisse relever des cooccurrences et **capturer un grand nombre possible de liens** ; il s'agit ensuite de relire les unités de texte pour éliminer les cooccurrences fortuites et pour **qualifier la nature** du lien entre codes. Le chercheur peut vouloir se concentrer sur les liens les plus récurrents et les représenter à l'aide d'une carte.

Qualifier les liens pertinents

Le **lien est alors qualifié** par le chercheur, qui dans un souci de représenter au mieux le phénomène, retourne examiner chacun des segments de texte concerné par le lien établi entre les deux codes. Dans l'exemple sur l'information continue, le choix a été de présenter une cartographie à partir de la catégorie-mère (ou principale) : l'information. Celle-ci possède des liens avec de nombreuses sous-catégories. Dans un souci de clarification, retenons uniquement les sous-catégories clés.

Représentation graphique

A partir de la cartographie ainsi représentée (voir la figure à la suite), tous les segments de texte illustrant les liens sont représentés. Cette cartographie peut être employée avec des fonds de couleur différents qui illustrent l'origine dans la catégorisation hiérarchique des codes représentés. Au centre de la carte on trouve le **concept** d'information. La catégorisation hiérarchique a permis de mettre en évidence les propriétés de cette information : Information complète, Information nouvelle, Information Continue, Sujets sensibles. Ces concepts sont reliés à d'autres concepts qui eux-mêmes font partie d'une autre catégorisation arborescente. Par exemple Conflits Annonces Restructurations appartiennent à la famille des événements tandis que Stratégie direction, Consultation appartiennent à la famille des difficultés.

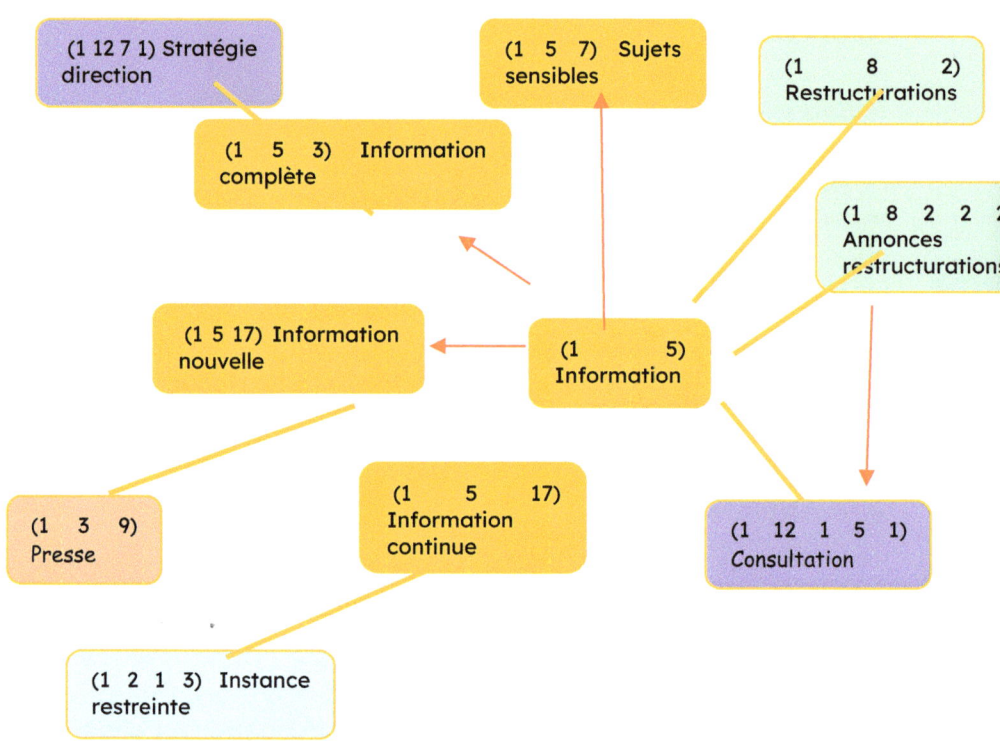

Figure 16: Codage sélectif – Un réseau conceptuel autour du code "information"

Illustration narrative

Pour la compréhension du lecteur de la cartographie, suivent des explications comme exemple :

« L'information dans sa conception générale, est liée à l'idée de consultation lors des restructurations. Les participants de Renault ont évoqué le conflit de Vilvoorde dont l'origine tenait au défaut de fonctionnement de l'information - consultation. Un manque d'information, un défaut de fonctionnement du processus de consultation peut provoquer un conflit. Un premier sens conféré à l'information est l'information dite de consultation. Lorsque les sujets sont sensibles, et que les Directions acceptent de les évoquer, elles les qualifient de confidentiels pour éviter le phénomène de divulgation. Les sujets sensibles concernent les projets de cession, d'acquisition d'activité, de restructuration qui, s'ils étaient annoncés prématurément risqueraient de ne pas aboutir du fait des divulgations possibles. La stratégie des Directions est donc de ne pas donner une information complète en n'abordant pas franchement les questions de restructuration. Les entreprises d'origine britanniques, nordiques, asiatiques et nord-américaines sont plus enclines à ne pas transmettre une information complète et, pour cela, diffusent une information fragmentée, relative à des activités que l'entreprise a pris soin de séparer au préalable afin de ne pas rendre possible la vision globale de la stratégie de l'entreprise. Même pour les entreprises européennes, subsiste un doute et l'information présente un caractère vague, flou, non concret. Plus grave, est l'impression des représentants syndicaux que l'entreprise n'a pas une vision claire de sa stratégie. Le point de référence pour juger si une information est nouvelle est la presse : si l'information est connue avant la presse, l'information est considérée comme nouvelle. L'information continue est une notion, qui est liée au fonctionnement de l'instance restreinte. »

Par ailleurs, le passage de l'analyse de la recherche qualitative à la **partie rédactionnelle** peut s'effectuer en utilisant les données extraites structurées en fonction de l'arbre. Il est alors facile de suivre le déroulement arborescent des codes et de produire des synthèses des discours des répondants et de commentaires (les mémos) attribués lors du codage (voir également l'ouvrage de Miles et Huberman (1994) qui illustre de nombreuses stratégies de rédaction).
Cette illustration avait pour but de se concentrer sur la pratique du codage, cependant bien d'autres points auraient pu être évoqués en profondeur qui ne feront pas l'objet de cet ouvrage par exemple :
La question de la validité et des triangulations possibles (se reporter à N. Denzin (1998) pp. 46-47) qui différencie triangulation des données, d'investigation, théorique et méthodologique ; en ce qui concerne la fiabilité : se reporter à Uwe Flick (1998)) ou (Voynnet Fourboul 2000 pp. 709-711).

Le temps de travail de codage et de production

La gestion des données impliquent quelques éléments quantitatifs permettant de préciser les volumes gérés. Pour 36 entretiens dans cette illustration de thèse, 72 heures ont été consacrées aux entretiens entièrement retranscrits ; cela représente 10 000 paragraphes à prévoir pour 1000 pages de retranscription. Le temps de codage est environ deux jours par entretien puis un jour pour la présentation des résultats. Pour établir une monographie par regroupement de cas ou de variables, il a fallu dans le cas présent une à deux semaines ; cependant la première monographie prend beaucoup plus de temps que les dernières.

Le codage déductif a permis de démarrer le codage avec une cinquantaine de codes soit 6 % du total, ensuite 70 % des codes ont été générés au bout de la deuxième monographie (12 répondants soit le tiers des répondants) ce qui donne une indication de la tendance à la saturation théorique.

Il faut donc retenir que ce type d'analyse est très consommateur de temps, qu'il nécessite une bonne planification d'autant que les derniers entretiens s'intercalent avec le travail d'analyse.

4.2 Le cas de codage axial « solidaire »

Ce cas constitue un papier de recherche parue dans un ouvrage « tous solidaire » (Voynnet Fourboul & Forasacco 2013).

Le but de cette recherche est d'examiner concrètement la production d'un coaching de groupe, dans un programme de leadership qui a été suivi par les participants d'une même entreprise. Cette recherche qualitative vise à observer les effets que la production d'un coaching de groupe peut avoir en termes de construction de solidarité.

Le logiciel employé est QDA Miner.

L'intérêt de cet exemple et qu'il est suffisamment simple à comprendre du point de vue du codage axial pour pouvoir être enseigné à des étudiants en Master professionnel.

4.2.1 Le contexte de ce cas

Ce qui importe ici n'est pas tant de relever les effets de cette solidarité mais plutôt de comprendre le processus qui permet d'y mener du point de vue des personnes qui mettent en oeuvre cette activation. C'est pourquoi, un terrain d'observation a été choisi dans un grand groupe international, qui a fait bénéficier ses cadres supérieurs d'une formation en leadership en cinq séances de trois jours. Cette formation s'est étalée sur deux ans et concernait huit cohortes de 24 cadres, soit 192 au total. Cinq des cohortes étaient animées en anglais, les trois autres en français.

Durant cette formation, deux à trois coachs sont intervenus sur les sujets classiques du leadership sur quatre modules de trois journées chacun avec la boîte à outils traditionnelle évoquant la culture organisationnelle, le diagnostic du leadership, la découverte de son style de leadership, la connaissance et la découverte de soi, les approches de rôle en équipe, l'exploration de ses capacités de leadership.

Au moment de démarrer le cinquième module consacré à la gestion des frontières culturelles et générationnelles, il a été demandé aux participants de produire un feed-back à propos des quatre précédents modules. C'est l'analyse de ce feed-back qui va être effectué à la suite. 55 Feedbacks ont été retenus pour l'analyse.

Du point de vue du processus, l'analyse a consisté à établir une catégorisation des données, en fonction de la question de recherche : « quel est le processus de coaching qui permet de libérer un leadership de solidarité ? ».

L'analyse qualitative des données, de type Grounded Theory, (Strauss & Corbin, 1990) (Glaser & Strauss, 1967) avec codage axial, permet d'obtenir un tableau (cf. figure suivante) qui sera commenté.

4.2.2 Un codage ouvert rapide

Cet exemple est relativement facile à utiliser du point de vue pédagogique car il comporte un nombre très réduit de texte à analyser. Vu le matériau il sera question de mettre l'accent sur un codage axial.

Voici à la suite un extrait des citations de feed-back qui vont être codés avec en gras les idées qu'il peut être intéressant de remarquer par rapport à la question centrale :

Jean Hubert
Le pays et les systèmes de valeurs m'ont permis de **comprendre les valeurs** de l'équipe. Cela permet d'instaurer un équilibre pour se faire comprendre. La compréhension de **l'équipe** permet de rééquilibrer les comportements au quotidien. Par exemple plus de facilité dans mon rapport avec mes collègues, je **comprends mieux leurs réactions**, cela aide à **désamorcer les conflits** et à **rééquilibrer** les relations de travail. /r

Magali
L'information a permis de libérer les énergies internes, de **mieux vivre les pressions internes en équipe**, de créer une ambiance, d'affronter les situations difficiles à en usant d'une **confrontation pacifique**. Je suis devenu davantage une animatrice d'équipe, et je ressens moins de stress /r

Jomo
La formation m'a permis de **comprendre mes limites**, en particulier de faire la nuance entre extraversion et introversion, à m'adapter à des environnements de travail divers
Je suis toujours en attente de la manière dont je pourrais **gérer mon supérieur hiérarchique** /r

Monica
Je voulais être dans l'équipe, continuer à être en contributeur individuel, je ne voulais pas être un chef. /r

Ali
On découvre ses forces en faisant.
Il a peut-être des talents cachés, c'est pourquoi il est important d'écouter son staff. Avec cette formation j'ai réussi à mettre l'accent non pas sur les faiblesses des personnes mais **sur la manière de les tirer vers le haut**.
Je suis parvenu aussi à faire passer des idées avec plus de courage /r

Bombay
Lorsque l'on est extraverti, on peut mieux comprendre les introvertis. On a besoin de savoir **mieux gérer son supérieur hiérarchique**, de faire passer ses idées. La formation permet de **développer la capacité d'écoute** /r

Magny

La partie communication doit beaucoup marquer, m'a permis de **me découvrir**. J'essaye je fais des efforts pour m'améliorer. Par exemple lorsque je rédige un courriel, je **prends un temps d'attente** afin de le reprendre avant de l'envoyer. Je suis beaucoup plus à l'aise pour parler en public. Cela m'a permis de **m'adresser à une audience variée** /r

---

Chacune de ces idées pourra faire l'objet d'un codage ouvert, invivo qui reprendrait exactement les mêmes termes.

4.2.3 Un codage axial matriciel

Dans le cas présent c'est le logiciel QDA Miner qui est employé et qui pousse à établir une catégorisation hiérarchique.
Il s'agit de regrouper les codes dans des catégories plus générales par exemple on observe assez rapidement des préoccupations autour de soi, autour des équipes et également des conflits. Il est donc assez facile à partir de là de positionner tout nouveau code dans l'une de ces catégories principales.
Dans l'exemple à la suite figure l'ensemble de la catégorisation qui comprend les effets autour de la connaissance de soi, les processus des conflits, la gestion des équipes, le développement du leadership et les attentes qui subsistent ainsi qu'à la question de l'organisation.

Un codage axial parce qu'il a à rendre compte d'une façon structurée, des données, gagne à refléter un certain équilibre en termes de nombre de codes par catégorie principale. Si une catégorie principale que l'on aurait créée ne parviendrait pas à rassembler suffisamment de codes, alors il n'y a peut-être pas intérêt à la considérer comme une catégorie principale. Il s'agit alors de revoir l'articulation du codage.

Soi	Conflits	Equipe	Leadership	Attente / organisation
Se connaitre Comprendre ses limites Nuance entre énergie	Maitriser les pressions internes	Comprendre les valeurs	Communiquer Ecouter Evaluer Déléguer	Briser les frontières Améliorer le travail en équipe Communauté de pratiques Mentorat à adapter
Gérer ses émotions négatives Développer une attitude positive	Ressentir moins de stress	Rééquilibrer comportement Relations meilleures	Développer les talents	Esprit de corps à développer
Sentir courage confiance en soi	Adopter la confrontation pacifique	Renforcer l'esprit d'équipe Efficacité et confort	Partager les réussites	Gérer son supérieur hiérarchique
S'ouvrir : Style plus souple Tolérance Empathie Patience	Gérer les conflits	Gérer des équipes à distance Préciser les objectifs	Situer rôle et culture	Obtenir plus de ressources
S'améliorer s'adapter	Désamorcer les conflits	Influencer, provoquer l'adhésion des résistants	Vendre ses réussites à son chef	Persévérance post formation / Suivi et appui orga

Tableau 12 : Synthèse des apports du coaching de groupe

On peut aussi observer dans le tableau précédent la manière dont les codes ont été présentés à l'image d'une matrice carré de cinq catégories principales disposant elle-même de cinq niveaux de codes affiliés. Une représentation sous forme de matrice permet de vérifier les effets de résonance entre les codes et leur niveau.

Si l'on observe la catégorie principale du soi : on observe une gradation entre la connaissance de soi la gestion de ses émotions, la confiance en soi, l'ouverture et l'amélioration ; de même, il y a aussi une gradation en ce qui concerne les conflits entre la maîtrise des pressions internes, le fait de ressentir moins de stress de gérer agit à un niveau émotionnel, d'adopter une confrontation pacifique qui est plus de l'ordre du mental, le fait de gérer et enfin de désamorcer les conflits dans une posture plus anticipative.

D'une certaine façon la matrice permet une organisation des codes selon des niveaux qui sont en résonance. Le tout est équilibré et va permettre l'expression de résultats dans une certaine cohérence. Éventuellement les zones vides pourraient être l'indice que l'on n'a pas saturé les idées.

4.2.4 Le storytelling du codage axial

Dans la suite de l'article, il sera alors possible d'évoquer les catégories principales et d'en raconter une histoire. Voici à titre d'exemple une illustration à propos de la première catégorie principale : « Travailler le Soi »

« Travailler le Soi »

Le travail sur le Soi est un élément-clé de la découverte de ce qui peut permettre d'activer les solidarités. Il prend tout son sens grâce à la connaissance de soi, à la découverte de soi.
Par exemple, « La formation a permis grâce à la vision hélicoptère, une prise de recul assortie d'un zoom en

profondeur. Cela permet de faire tomber les masques et de dire des vérités crues. » « Accéder à son moi profond est quelque chose de vraiment utile qui permet de sortir de sa zone de confort et d'accéder à des ressources, au côté obscur de notre force. » Aller vers plus de solidarité c'est aller dans la voie de la trans-subjectivité succédant aux besoins d'objectivité puis d'intersubjectivité des 19eme et 20eme siècle (Scharmer 2007), cela suppose de faire face à l'abysse intérieur, la séparation : de soi des autres par le dialogue, de soi de ses propres sens (par les sensations), de soi de Soi (par la présence).

Le travail sur soi, c'est aussi la découverte de ses propres limites. Pour l'un des interlocuteurs, comprendre ses limites, consiste à distinguer les styles extravertis et introvertis ; en effet cela permet non seulement la détection à propos de soi mais également à propos des autres, et surtout une meilleure acceptation de ce qui est différent de soi. Cette acceptation va permettre de pouvoir mieux s'adapter à des environnements de travail divers.

Le coaching permet de gérer ses émotions négatives ainsi que de développer une attitude positive. La conséquence est que les participants sont davantage capables de travailler sous pression, réagir de manière plus professionnelle, de ne pas se démonter face à des déceptions : « j'ai pu prendre des coups tout en ayant conscience que cela permet de renforcer mon leadership » ; des difficultés deviennent donc des expériences positives « D'une façon générale je fais des efforts pour écouter et pour développer une attitude positive ».

La confiance en soi est meilleure « j'ai plus de confiance dans les jeunes, je fais confiance et découvre une responsabilité collective. S'il y a conflit, je m'exprime.» et permet de parvenir « à faire passer des idées avec plus de courage ».

Le travail sur soi permet de s'ouvrir : « Les outils, cela permet une amélioration en continu, de s'ouvrir, de comprendre l'autre et nous-mêmes afin de mieux se positionner. », d'adopter un style plus souple, plus tolérant (La tolérance aussi est plus forte à la fois pour soi et pour les autres. Cela permet de gagner en efficacité et en confort), plus empathique, et équilibre les énergies grâce à la découverte de la patience.

> Lorsque les participants se découvrent, ils sont portés parfois à se remettre en question, le plus souvent à s'améliorer et à s'adapter. « La partie communication m'a beaucoup marqué, m'a permis de me découvrir. J'essaye, je fais des efforts pour m'améliorer. Par exemple lorsque je rédige un courriel, je prends un temps d'attente afin de le reprendre avant de l'envoyer. »

On observe que tout en respectant l'ordre de catégorisation, on évoquera au plus près de l'expression des répondants toutes les idées évoquées par eux dans le désordre, cette fois-ci dans un ordre structurant a l'appui de quelques Verbatim.

4.3 Les cooccurrences approfondies

Après cet exemple de codage axial qui constitue l'une des façons de découvrir le codage, il est question ici d'aborder une forme de codage centré sur la découverte de liens hors hiérarchie entre les codes.
Un logiciel comme QDA Miner rend possible un travail approfondi sur les liens entre les catégories. Pour ce faire, l'exemple proposé porte sur un chapitre d'ouvrage (Voynnet-Fourboul 2017), évoquant la question de la mesure des valeurs spirituelles.

4.3.1 L'analyse d'un récit

Ce travail s'appuie sur des récits formels des dirigeants, c'est-à-dire les récits mis en forme par eux-mêmes à partir desquels on va observer la part spirituelle.
Ce travail est soutenu par l'emploi d'un logiciel (QDA miner) afin de coder et analyser les données. Ce logiciel aide à structurer des données riches en les catégorisant selon une structure hiérarchique et en offrant des possibilités

analytiques telles que l'analyse des cooccurrences entre les catégories et les groupes de catégories.

En termes pratiques, l'objectif est de décrypter la dimension spirituelle dans une narration opérée par des cadres supérieurs de l'une des plus anciennes entreprises françaises, entreprise du CAC 40 en France, opérant dans le secteur du verre. Ces cadres ont rédigé un ouvrage publié et diffusé dans l'entreprise par le directeur du département développement en septembre 2015. Dédié aux managers de la société dans le cadre de leur formation, il est composé de six courtes histoires de management, relatant des expériences managériales d'expatriés en poste en Pologne et en Roumanie. Ces histoires managériales permettent, par la familiarité avec la narration, de concerner profondément et immédiatement le lecteur.

Ainsi, les six histoires de ce livre "*Histoires Managériales*" (Lluansi, 2016) racontées par quelques expatriés d'un grand groupe sont construites de manière à toucher émotionnellement les personnes et à les faire agir selon les principes et les valeurs de l'entreprise. Ce cas a été retenu, car l'ouvrage a été considéré ensuite dans l'entreprise comme suffisamment exemplaire pour être transmis aux cadres de l'entreprise dans le cadre de la formation et du développement afin d'illustrer les meilleures valeurs de leadership.

Les six chapitres de l'ouvrage sont intitulés comme suit :
- Développer la segmentation du marché
- Restructurer pour permettre la croissance
- Changer le modèle d'affaires
- Renforcer les compétences disponibles
- Obtenir une autorisation administrative en dehors de l'entreprise
- Etablir une gestion 100% locale.

Il est à noter que jamais le terme de spiritualité n'est évoqué dans ce livre et que cette dimension n'est pas explicite.

L'analyse des données porte sur les six études de cas (104 pages en tout) et a pour but d'établir la **structure des racines spirituelles** à partir des données selon la **catégorisation des valeurs** en sept niveaux de Barrett (1998).

Le schéma de codage est double : une double catégorisation des valeurs et de l'intrigue des six histoires, suivie d'une analyse de la relation entre les valeurs et l'intrigue.

La catégorisation des valeurs est opérée de façon **déductive** pour chaque segment de texte des six histoires. Certaines valeurs nouvelles, non prévues dans la structure des catégories de Barrett, apparaissent dans le texte ; ainsi : la simplicité, la solidarité, l'esprit d'entreprise, les fortes pressions. Ces valeurs sont codées dans une nouvelle catégorie, liée hiérarchiquement à la catégorie principale existante la plus appropriée.

Les données relatives à des aspects plus comportementaux sont codées tout en tenant compte des étapes afin d'analyser l'intrigue de chaque histoire, chacune étant considérée ici comme composée de douze étapes d'une expérience se succédant dans le temps, tel le voyage du héros par Joseph Campbell (1949) : 1) monde ordinaire, 2) appel à l'aventure et objectifs, 3.) refus de l'appel, 4) réunion avec le Mentor ; 5) doutes, franchir le seuil et le plan d'action, 6) tests, alliés et ennemis, 7) approche, 8) épreuve ; 9) récompense, 10) retour et ressources personnelles, 11) résurrection (Il s'agit de la dernière épreuve purifiant le héros, l'examen final durant lequel le héros met en pratique ce qu'il a appris) 12) retour avec l'élixir (dernière étape au cours de laquelle le héros regagne le monde ordinaire en rapportant l'élixir, trésor ou leçon ressortant du monde extraordinaire).

Le voyage du héros a déjà été utilisé pour explorer les différentes étapes de l'expérience d'expatriation et des transformations de l'individu (Osland, 2000). L'analyse se

concentre ensuite sur les différentes étapes de ce que pourrait être une voie spirituelle et l'élan spirituel de chaque histoire afin de :
- rechercher les aspects de la spiritualité intégrée dans les six récits,
- analyser les valeurs rapportées à l'articulation des récits par étapes.

4.3.2 Une analyse duale, déductive et interactive

Les données extraites des six histoires sont analysées 1) par analyse axiale des valeurs 2) par analyse de cooccurrences des valeurs en niveau 3) par analyse axiale des étapes du voyage du héros, et 4) par combinaison entre les valeurs et les étapes du voyage du héros

Analyse axiale des valeurs

L'analyse axiale (Strauss & Corbin, 1998) consiste à repérer des relations entre catégories et sous-catégories en codant autour de l'axe de l'une d'entre elles et en liant les catégories par propriétés et dimensions, en cherchant un tout cohérent. Dans ce cas, l'ensemble des valeurs est codé selon deux axes définis par Barrett (1998) : les sept niveaux et les quatre dimensions. Cette analyse est centrée sur les propriétés des valeurs et la structure des catégories. La catégorisation axiale est présentée dans la figure ci-après et permet de relever 56 valeurs ordonnées selon la structure en sept niveaux de Barrett (1998), ceci pour l'ensemble du livre. La variété des valeurs à certains niveaux est un signe de la richesse et de précision. Si certains niveaux peuvent être caractérisés par la richesse de leurs propriétés (niveau 4), d'autres se distinguent par le critère de leur fréquence (niveau 3 par exemple qui a un plus fort niveau de fréquence comparé aux autres niveaux).

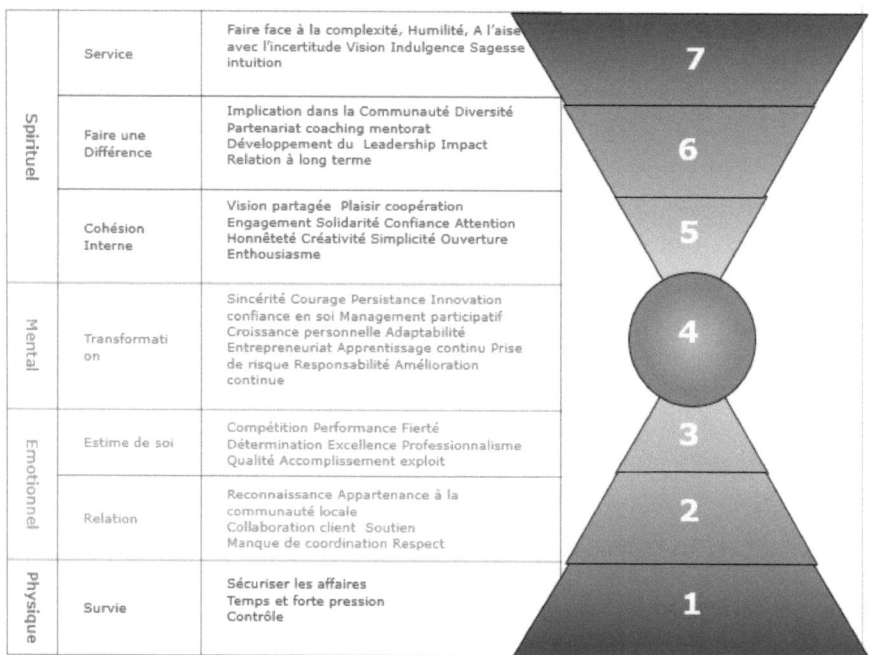

Figure 17- La catégorisation des valeurs du récit

Cette analyse se poursuit également avec la répartition des valeurs parmi les quatre dimensions principales et les sept niveaux.

Les histoires et leurs auteurs font état de valeurs spirituelles qui représentent 43 % de l'ensemble des valeurs ; le raffinement en sept niveaux permet de distinguer certains contrastes parmi les différents auteurs.

Dans un contexte de délais et de forte pression, les expatriés visent à atteindre des niveaux élevés de performance avec les standards de qualité du siège. La condition de l'expatriation exige des valeurs particulières : courage, prise de risque et persévérance. Les valeurs spirituelles, comme la confiance, sont développées comme un mode d'adaptation interculturelle ; coaching, développement de mentorat et de leadership sont des pratiques issues du siège, et reproduites durant l'expérience d'expatriation.

Analyse de cooccurrences des valeurs par regroupement en grappes

L'intention ici est de trouver l'articulation entre les valeurs et le flux de l'histoire ou de l'expérience du manager par une opération de codage dans lequel l'analyse tend à faire sens des données, afin de construire des « séquences explicites de faits » (Jorgenson, 1989 : p. 107) en recherchant les structures des données. Cette opération est réalisée en comparant les passages de texte différents afin de trouver des points communs ou des différences entre eux.

A ce stade, après avoir découvert combien de valeurs pour chaque niveau sont partagées parmi les six histoires et quelles sont les valeurs dominantes, il s'agit d'explorer la relation entre les niveaux de valeurs. On procède par calcul de l'indice de similitude ou de cooccurrence et l'analyse de groupement hiérarchique et multidimensionnel sur tous les codes en opérant un regroupement des valeurs en grappes (chaque grappe constitue un niveau de valeurs).

Le logiciel QDAMiner permet de réaliser une analyse sur une matrice thème-par-thème signalant la fréquence avec laquelle deux idées cohabitent pour le même paragraphe, dans le même article et dans l'ensemble du livre. Les résultats sont affichés sous forme d'une carte conceptuelle (figure suivante) *infra*. Les positions des catégories expriment leur proximité dans la structure de la narration.

L'hypothèse de l'analyse 1) est que la fréquence élevée d'une catégorie est le signe de son importance pour l'auteur et l'hypothèse de l'analyse 2) est que sa proximité avec d'autres catégories peut aider à repérer des liens qui font sens pour les auteurs.

Les valeurs matérialistes et relationnelles (niveaux N1 et N2) apparaissent relativement isolées. Cela signifie que lorsque les managers évoquent ces types de valeurs, ils n'établissent pas de connexion avec d'autres types de valeurs. Les valeurs mentales et rationnelles (niveau N4) sont centrales et liées à d'autres valeurs : intérêt personnel (niveau N3), cohésion interne (niveau N5), partenariat (niveau N6) et service (niveau N7).

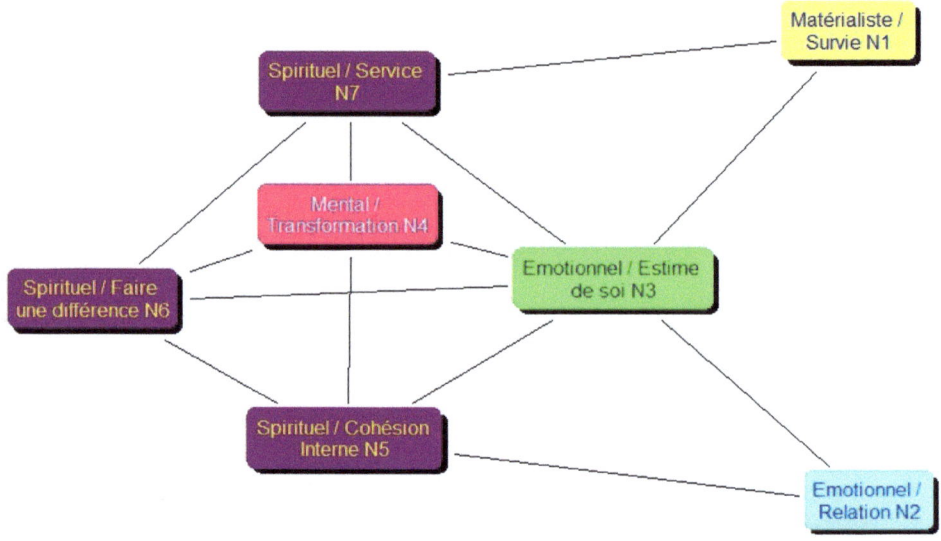

Figure 18- Analyse des valeurs de grappes par groupes de sept niveaux

Le niveau N4 s'inspire symboliquement de l'individuation jungienne (Barrett 2011). Ce niveau caractérise les valeurs qui commencent à dépasser la dépendance émotionnelle au groupe culturel. Parce que les managers travaillent à l'étranger, ils ont plusieurs possibilités d'agir comme un groupe distinct du siège, même s'ils maintiennent la communication et la coordination. Ils commencent à être sensibles à leurs propres valeurs découlant de cet environnement différent. Cela ne signifie pas que leurs valeurs seront en conflit avec celles du siège, mais que le nouveau contexte permet d'activer la conscience de certaines d'entre elles. Ils peuvent commencer à envisager d'avoir leur propre équipe. Dès qu'ils sont les gardiens et protecteurs de leurs propres équipes, ils se trouvent dans des conditions qui leur permettent d'atteindre ce niveau.

Bien sûr ce niveau mental se révèle central et établit une coprésence avec d'autres ordres de valeurs. Il s'agit d'une indication de la nature transformationnelle des valeurs qui apparaît à ce niveau.

Analyse axiale des étapes du voyage du héros

Certains aspects du voyage du héros figurent systématiquement dans la narration quoique le langage managérial emploie des termes différents : L'appel à l'aventure → les objectifs ; le retour avec l'élixir → les enseignements ; la réflexivité → l'approche de l'entreprise et de ce qui aurait pu être fait différemment ; franchir le seuil → plan d'action ; le retour → ressources personnelles. Les doutes sont la seule référence, exprimée de la même façon dans le voyage du héros et dans l'expression managériale du livre.

Les épreuves sont de types différents : par exemple 1) lié à l'environnement : - forte récession du marché provoquée par la crise économique - inertie dans les administrations ; 2) lié à l'organisation : - continuer à vendre avec une équipe affaiblie dans un contexte difficile - problèmes de coordination entre l'équipe projet et l'équipe des opérations ; 3) lié à la technique : - échec de fabrication des produits ; 4) lié au management : - difficultés à diriger deux services de production, tension et va-et-vient entre priorités. Cette variété montre la volonté d'adresser différents types de problèmes afin de capter l'attention d'un large éventail de managers face à des questions auxquels ils pourraient être confrontés à leur tour.

Certaines étapes du voyage du héros se trouvent systématiquement présentes car le format de structure de l'ouvrage et sa coordination amène les auteurs à adopter le même plan de réflexion ; mais d'autres étapes sont moins explicites : 3. le refus de l'appel ; 11. la résurrection ; 6. les tests, les alliés et ennemis ; 1. le monde ordinaire ; 7. l'approche. Certaines étapes peuvent être considérées comme trop intimes ou non exprimables dans la culture de l'entreprise ou dans la culture managériale.

Combinaison entre les valeurs et les étapes du voyage du héros

Afin d'analyser le lien entre les valeurs et le voyage, les catégories de valeurs sont regroupées selon le niveau et le voyage fait l'objet d'un regroupement virtuel en trois grandes catégories ; 1) le début du voyage inclut les catégories suivantes : 1. monde ordinaire, 2. appel à l'aventure et objectifs, 3. refus de l'appel, 4. réunion avec le Mentor ; 2) l'épreuve inclut les catégories suivantes : 5. doutes, franchir le seuil et le plan d'action, 6. tests, alliés et ennemis, 7. approche, 8. épreuve ; enfin 3) les leçons de voyage comprennent les catégories suivantes : 9. récompense, 10. retour et ressources personnelles, 11. résurrection, 12. retour avec l'élixir. Ce nouveau groupement virtuel de catégories permet d'obtenir une vision globale des connexions établies sur la figure 4 infra. Ici chaque cooccurrence a été prise en compte dans le même paragraphe, puis au sein du même cas pour mieux saisir le lien entre le voyage et les valeurs.

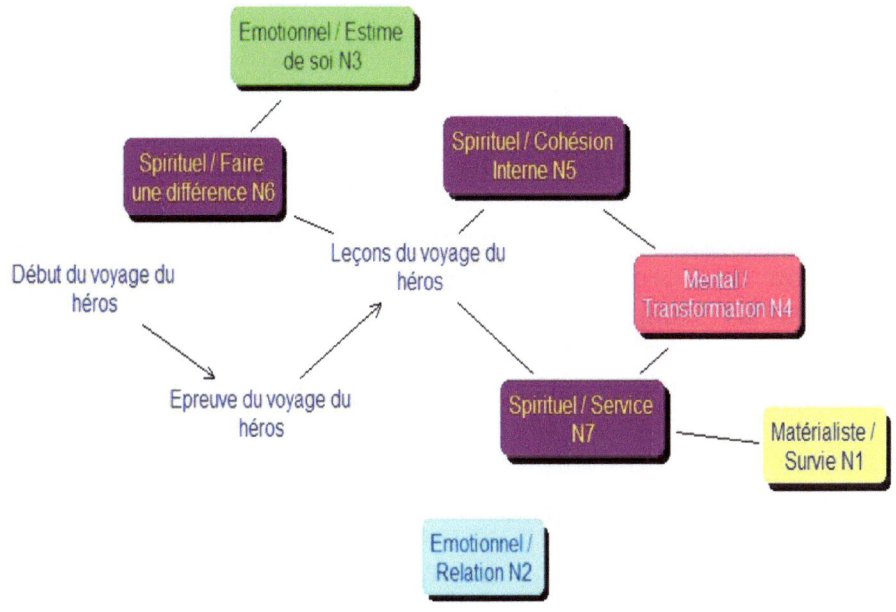

Figure 19- Combinaison des valeurs et du voyage du héros dans une analyse de cooccurrence

Ces cooccurrences du groupement virtuel (propre à QDAMiner) de catégories permettent de représenter le phénomène. Le premier point est que l'étape initiale du voyage du héros ne laisse pas de place aux valeurs. Les valeurs sont révélées seulement dans la deuxième étape du voyage. Cela montre qu'un des effets du voyage est justement de **révéler l'importance des valeurs.** Ces dernières apparaissent à la fin du voyage et trois types de valeurs spirituelles sont observables : elles représentent cohésion interne (niveau 5), partenariat (niveau 6) et service (niveau 7). La connexion entre la fin du voyage et les valeurs spirituelles **confirme l'hypothèse** selon laquelle une épreuve tend à produire une réflexivité et une orientation vers la spiritualité.

Un autre point spécifique dans ce travail d'analyse globale portant ces histoires est la place du niveau mental, qui est relié aux niveaux 5 et 7 tandis que l'estime de soi émotionnelle (niveau 3) est connectée au niveau 6.

Cette approche objectivante permet de présenter des résultats sous forme de mesures de fréquence par niveau, par dimension, par histoire (non présentées ici) et de disposer d'un **tableau de bord des valeurs communiquées au cours des étapes de l'expérience du manager.** L'autre intérêt est d'objectiver l'implicite et de démontrer que les valeurs individuelles sont constituées par des **valeurs fortes et surtout spirituelles**, en dépit de la rareté des formes d'expression directe de la spiritualité dans le monde managérial. Cela peut aider les managers à progressivement reconnaître la part spirituelle des valeurs en entreprise, comme cela a été le cas lors de l'exposé des travaux au sein de l'entreprise objet de l'étude. L'analyse des valeurs permet une posture réflexive pour les auteurs et les managers. Autrement dit, ce type de démonstration peut constituer un fait générateur de la reconnaissance de la spiritualité et constitue selon toute probabilité un critère d'évaluation de l'intérêt de ce type de démarche.

Une **analyse déductive** permet de constater aussi que :
• les valeurs liées à la cohésion interne sont dominantes ; cela pourrait signifier que l'intégrité et la confiance restent très appréciées dans l'entreprise,
• la dimension relationnelle constitue seulement un tiers des valeurs totales exprimées, ce qui pourrait être un signal pour le développement futur des managers, par exemple si dans l'entreprise se faisait jour un projet de développement de l'intelligence collective.

Chaque remarque peut, sur le plan managérial, aider à poser un diagnostic sur les valeurs globales existantes (spirituelles ou non) et faciliter le travail des gestionnaires à **envisager des actions** visant à équilibrer les valeurs et à façonner harmonieusement la culture organisationnelle.

L'intérêt de la catégorisation déductive est aussi de s'interroger sur les valeurs ou étapes manquantes ; par exemple certaines étapes du voyage du héros ne sont pas exprimées, comme le refus de l'appel ainsi que le changement intérieur durable de la personne (la résurrection). Face à cela, un questionnement permet d'aller plus loin : soit le défaut résulte d'une valeur ou d'une étape existante mais non évoquée (car évidente et ne posant pas de problème), soit ces valeurs ou étapes constituent une **zone aveugle**, soit enfin elles sont interdites. En cas d'interdit même implicite, l'évocation de ces peurs ou de certaines émotions révèle que certaines valeurs ou étapes ne sont pas considérées comme appropriées à **l'idéal managérial** de l'entreprise. Toutefois, ce questionnement nécessite un échange en profondeur avec les protagonistes des histoires, montrant par-là les limites de l'analyse des sources documentaires.

L'interprétation de ces six histoires vise à donner du sens au discours des auteurs. Un autre chercheur pourrait coder et interpréter les histoires différemment. D'autres modèles pourraient être appliqués telles que le modèle actantiel de Greimas (1966), qui décrit avec six actants les tendances fondamentales dans les récits. Celui-ci est largement utilisé en analyse narrative des structures d'intrigue (Søderberg 2006).

CONCLUSION

L'avènement de l'utilisation de logiciels qualitatifs a élargi les façons dont les chercheurs peuvent travailler à travers les cycles de codage. De plus, les progiciels qualitatifs les plus avancés offrent des possibilités d'analyse statistique enrichissant le processus de codage. Le chercheur doit encore passer par chaque phase de codage ; le logiciel prend simplement en charge les décisions de codage du chercheur facilitant (sans substitution) ainsi la construction du sens.

Analyser les données qualitatives en gestion constitue un parcours extrêmement diversifié selon l'objectif recherché. L'ouvrage a montré trois exemples de codage (un codage complet de type thèse constitué d'un codage axial et sélectif, un codage axial utilisable dans la production d'un mémoire en gestion de chapitre d'ouvrage et un codage centré sur les cooccurrences.

Les deux premiers exemples ont été choisis pour des chercheurs débutants et le dernier exemple plus expert s'inscrit dans un codage qui cherche moins à travailler le code dans sa définition qu'à le relier à d'autres.

Est-ce que l'emploi des logiciels change la méthode de recherche ?

Les concepteurs des logiciels assistant la construction théorique assurent que la méthode de recherche reste la volonté du chercheur. Ceci est vrai en partie ; en effet les fonctionnalités à disposition peuvent susciter des procédés d'analyse auquel le chercheur n'aurait pas pensé a priori. Si l'on souhaite employer les méthodes de codage - extraction, par exemple, le logiciel se révélera plus efficace que si cela était fait manuellement. Mais le changement le plus marquant est que le procédé de recherches sera beaucoup moins linéaire.

Les autres méthodologies
Si la méthode de codage théorique ou l'indexation se rapprochent d'un style d'analyse orthodoxe orientée grounded theory, il existe d'autres méthodes comme l'emploi des références croisées sous hypertexte ; l'utilisateur passe d'un texte à l'autre. Coffey voit dans cette méthode une adéquation aux approches post-modernes qui célèbrent la diversité. Cependant le flou entre données, analyse et interprétation produit confusion et indécision et l'impression d'obtenir un ensemble de connections et de liens qui n'aboutissent à rien de particulier.

L'impératif méthodologique
L'analyse de données qualitatives assistée par un logiciel suppose une double approche : bien comprendre les différents **principes théoriques de l'analyse** que nous avons présentés en première partie de cet ouvrage, puis les mettre en œuvre dans la procédure de codage qui nécessitera plus ou moins des adaptations en fonction du logiciel utilisé et du projet de recherche. Le non-respect des pré requis méthodologiques risque d'entraîner le plaquage de codes vagues et confus et la production d'artefacts.

Le logiciel soutient la créativité du chercheur
Le processus de formation des concepts ne peut être conduit seulement avec un algorithme. Le rôle du logiciel se restreint à celui d'un archivage intelligent, l'analyse en elle-même étant produite par une interprétation humaine. L'analyse de données qualitatives assistée par ordinateur n'est ni une panacée ni un outil diabolique positiviste ou scientiste, mais un support qui permet au chercheur d'exercer sa créativité et de tracer le cheminement d'analyse contribuant ainsi à l'évolution

de la recherche. Par ailleurs les procédures proposées sont spécifiquement adaptées à la discipline de gestion en particulier l'option de choix des matrices rendant compte du caractère contingent de la gestion. Naturellement, ces propositions n'ont pas de valeur universelle mais ont pour but de montrer comment exercer sa créativité à partir de principes contribuant à la validité de l'analyse.

L'avenir de l'intelligence artificielle
Pourra-t-on un jour se passer de notre intelligence pour détecter le sens des données ? C'est sans doute une promesse de l'intelligence artificielle qui produit déjà des résultats significatifs en matière d'analyse des conversations avec une visée d'efficacité organisationnelle en employant un référentiel NLU (Natural Language Understanding).
C'est sans doute le champ des applications en entreprise combinées au soutien des collaborateurs et donc à un accroissement de la performance qui explique son succès.
Par exemple elle est employée dans le rapprochement entre les CV et les offres d'emploi sur la base d'une analyse de texte qui traite le langage naturel en éliminant le jargon puis tient compte de la syntaxe de la phrase, avant d'opérer un rapprochement avec les mots d'un dictionnaire connu. Certaines entreprises font du datamining notamment des réseaux neuronaux pour arriver à faire des agrégats de termes proches, ou potentiellement proches avec une curation humaine pour vérifier que l'on se rapproche du sens de la probabilité mathématique. Aujourd'hui une entreprise comme TextKernel est capable d'identifier à peu près 8000 compétences, 5000 professions, les grands concepts de type niveau d'études. Quand le robot voit un terme il essaye de le rapprocher selon une logique et quand il n'y arrive pas, cela devient une compétence émergente intégrable dans le dictionnaire des compétences.

Si ces robots permettent un travail mécanique, qui sans doute sera de plus en plus intégrée dans les logiciels d'analyse de données qualitatives mis à la disposition des étudiants et des chercheurs, il n'empêche que la capacité à structurer les données reste un exercice profondément humain, et que c'était le but de cet ouvrage que de vous y préparer.

QUELQUES SITES ET LOGICIELS

ADQAO http://sru.soc.surrey.ac.uk/	
AQUAD 7 http://www.aquad.de/en/	developpeur : Gunter L.Huber.
ATLAS/ti 8.4 https://atlasti.com/	développeur : Thomas Muhr (multi-media)
Decision Explorer https://banxia.com/	Produit par Banxia Software (mapping)
MAXqda: https://www.maxqda.com/	Conçu par Udo Kuckartz
NVIVO https://www.qsrinternational.com/nvivo/home	(appelé auparavant NUD*IST) produit par Qualitative Solutions Research **MAC et IBM pour N4 ; IBM pour N5**
The Ethnograph V.6 http://www.qualisresearch.com/	développeur : John Seidel (Qualis Research Associates)

BIBLIOGRAPHIE

ALEXA M., ZUELL C. : Commonalities, differences and limitations of text analysis Software: The results of a review ZUMA-Arbeitsbericht Nr. 99/06, ZUMA-report http://www.gesis.org/Publikationen/Berichte/ZUMA_Arbeitsberichte/99/99_06abs.htm
Bardin L. (1998) *L'analyse de contenu*, Presses Universitaires de France, Paris, 9ème édition.
Barrett R. (1998) *Liberating the corporate soul.* Boston: Butterworth-Heinmann.
Becker H. S., Geer B. (1960) "Participant Observation: The Analysis of Qualitative Field Data," In: R. Adams and J. Preiss, Eds., *Human Organization Research*, The Dorsey Press, Homewood.
Blayo F., Verleysen M. (1996) *Les réseaux de neurones artificiels*, collection Que sais-je ?, n° 3042, Presse Universitaire de France, Paris.
Bournois F., Point S., Voynnet Fourboul C. (2002) « L'Analyse des Données Qualitatives Assistée par Ordinateur : une évaluation », *Revue Française de Gestion*, pp. 71-84, N°137, 01-03.
Boyatzis R. E. (1998) *Transforming Qualitative Information : Thematic Analysis and Code Development*, Sage Publications, Thousand Oaks.
Campbell, J. (1949) *The Hero with a Thousand Faces.* Princeton: Princeton University Press.
Charmaz, K. (2006). *Constructing grounded theory : a practical guide through qualitative analysis.* London Thousand Oaks, Calif: Sage Publications.
Coffey A., Aktinson P. (1996) *Making Sense of Qualitative Data : Complementary Research Strategies*, Sage Publications, Thousand Oaks.
Denzin N. K., Lincoln Y. S. (1998) *Handbook of Qualitative Research : Collecting and Interpretating Qualitative Materials*, London, Sage Publications.
Denzin N. (1998) the dance of qualitative research design in Strategies of qualitative inquiry, p46-47, Sage.

Doty D. H., Glick W. H. (1994) "Typologies as a Unique Form of Theory Building : Toward Improved Understanding and Modeling", *Academy of Management Review*, vol. 19, n° 2, pp. 230-251.
Fielding N. G., Lee R. M. (1998) *Computer Analysis and Qualitative Research*, Sage Publications, Londres.
Flick U. (1998) *An Introduction to Qualitative Research*, Sage Publications, Londres.
Gioia, D. A., Corley, K. G., & Hamilton, A. L. (2013). Seeking qualitative rigor in inductive research: Notes on the gioia methodology. *Organizational Research Methods*, 16(1), 15. Glaser B. G., Strauss A. L. (1967) *The Discovery of Grounded theory : Strategies for Qualitative Research*, Aldine de Gruyter New York 1967.
Greimas, A. J., (1966) *Sémantique Structurale*, Paris: Larousse.
Huberman M. A., Miles M. B., *Data management and analysis method*, in Denzin N.K., Lincoln Y.S., *Collecting and Interpreting Qualitative Materials*, Sage Publications, 1998.
Huff A. S. (1990) *Mapping Strategic Thought*, Wiley & Sons, Chichester.
Jonsen, K., Fendt, J., & Point, S. (2018). Convincing qualitative research: What constitutes persuasive writing? *Organizational Research Methods*, 21(1), 30-67.
Jorgenson, D. L. (1989) Participant Observation: A Methodology for Human Studies. Newbury Park, CA: Sage.
Kelle U. (ed.), *Computer-Aided Qualitative Data Analysis : theory methods and practice*, Sage Publications, Londres 1995.
Kelle U. (1997) "Theory Building in Qualitative Research and Computer Programs for the Management of Textual Data", *Sociological Research Online*, vol. 2, n° 2.
Lebart L., Salem A. (1994)*Statistiques Textuelle*, Dunod.
Lee R. M., Fielding N. (1996) Qualitative Data Analysis: Representations of a Technology: A Comment on Coffey, Holbrook and Atkinson *Sociological Research Online*, vol. 1, no. 4, http://www.socresonline.org.uk/socresonline/1/4/lf.html.
Legewie H. (1994) Globalauswertung, *in* Böhm T., Muhr T., Mengel A., *Texte Verstehen : Konzepte, Methoden, Werkzeuge*, Universistätsverlag, Konstanz, pp. 100-114.

Llluansi O. (2016) Histoires managériales dans les pays en transition, Etude de cas et retour d'expérience du Groupe Saint Gobain en Pologne et en Roumanie, Paris ESKA

Miles M. B. (1979) "Qualitative Data as an Attractive Nuisance : The Problem of Analysis", *Administrative Science Quarterly*, vol. 24, n° 4, pp. 590-601.

Miles M. B., Huberman A. M. (1994) *Qualitative Data Analysis : An Expanded Sourcebook*, Sage Publications, Thousand Oaks.

Osland, J. S. (2000) The journey inward: Expatriate hero tales and paradoxes. *Human Resource Management*, 39 (2-3): 227-238.

Mucchielli, A. (1996). *Dictionnaire des méthodes qualitatives en sciences humaines et sociales*. Paris: A. Colin Masson.

Point S. (2001) *Les ressources humaines dans les rapports annuels d'activité en Europe,* thèse Université Lyon III, 26/10.

Point S, Voynnet Fourboul C., le codage à visée théorique, *Recherche et Applications en Marketing,* vol. 21, n° 4/2006.

Ragin C. C. (1987) *The Comparative Method : Moving beyond Qualitative and Quantitative Strategies*, California Press.

Richards T. J., Richards L. (1997) *QSR NUD*IST 4.0 – User Guide*, Qualitative Solutions and Research Pty Ltd, Australie, 2ème edition.

Richards T. J., Richards L. (1998) Using Computers in Qualitative Research, *in* Denzin N. K., Lincoln Y. S. (ed.), *Collecting and Interpretating Qualitative Material*, Sage Publications, Londres, pp. 211- 245.

Søderberg, A. (2006) Narrative interviewing and narrative analysis in a study of a cross-border merger. *Management International Review*, 46(4), 397-416.

Stake R. (1998) Case studies, in Denzin N. K., Lincoln Y. S., *Strategies of Qualitative Inquiry,* London, Sage Publications pp. 86-109.

Strauss, A. and Corbin, J. (1998), Basics of Qualitative Research: Techniques and Procedures for Developing Grounded Theory, 2nd ed., Sage, Thousand Oaks, CA.

Thiétart R.-A. (coord.), *Méthodes de recherche en management*, Dunod, Paris 1999.

Voynnet Fourboul C., *Management stratégique du comité d'entreprise européen*, thèse Université Lyon III, 14/06/2000.

Voynnet Fourboul C., Point S., « Le processus de décodage des données qualitatives en Gestion des Ressources Humaines », AGRH 2001.

Voynnet-Fourboul C. (2017), La question de la mesure des valeurs spirituelles, in Duyck J.Y., Moal-Ulvoas G., Voynnet-Fourboul C. (2017), Management et spiritualité, Ed. EMS.
Voynnet-Fourboul C. Forasacco C., (2013) « Leadership, coaching, solidarité », avec in Tous solidaires coordonné par Jean-Marie Peretti, éd. EMS.
Wacheux F. (1996) *Méthodes qualitatives et recherches en gestion*, Economica.
Weber R. P. (1990) *Basic Content Analysis* Sage Publications, University Paper Series on Qualitative Applications in the Social Sciences, 07-049, Sage Publications, Newbury Park 1990.
Weitzman E. A., Miles M. B. (1995) *Computer Programs for Qualitative Data Analysis : A Software Sourcebook*, Sage Publications, Thousand Oaks.
Werner, O., Schöppfle G.M. (1987) systematic fieldwork: Vol2. Ethnographic analysis and management, Sage.
Williams, M., & Moser, T. (2019). The art of coding and thematic exploration in qualitative research. *International Management Review*, 15(1), 45-55,71-72.

Index des thèmes

abduction 64
activités................................119
analyse de contenu............15
Analyse de contenu 68
analyse intermédiaire 17, 59, 102
Analyse intermédiaire9, 59, 151
approche globale. 116
approche orientée cas 64
approche orientée variable 65
ATLAS/ti ..89, 90, 91, 96, 143
cartographie cognitive ...76, 77
catégorie axiale 112, 114
catégorisation8, 11, 41, 46, 60, 68, 75, 98, 102, 103, 105, 117, 122, 124, 128, 129, 130, 131, 132, 139
catégorisation arborescente.........103, 117
codage axial 9, 10, 11, 40, 45, 46, 48, 49, 51, 52, 99, 110, 112, 113, 116, 121, 122, 124, 126, 140
Codage global.......................68
codage sélectif 9, 40, 48, 50, 51, 115
Codage théorique...............68
comparaison constante.... 9, 25, 26, 27, 28, 31, 52, 59, 98

comparaisons avant-gardistes............................45
concepts............................. 23
conceptualisation 24, 25, 26, 40, 72, 77
conflit 119
consultation.......................119
cooccurrences 10, 17, 90, 94, 95, 99, 107, 116, 128, 131, 133, 137, 140
crédibilité................................72
échantillonnage 9, 11, 12, 26, 34, 35, 36, 37, 38, 40, 50, 51, 68, 101
écriture................................ 71
*grounded theory*8, 11, 24, 25, 26, 27, 34, 36, 37, 38, 39, 40, 47, 49, 51, 52, 53, 54, 56, 58, 60, 77, 82, 89, 107, 140, 144
groupe.................................115
incident................................ 29
induction 9, 11, 12, 20, 21, 22, 23, 28, 52, 59, 61, 62, 63, 76, 98
induction analytique12, 20, 21, 22, 23, 28, 59
information 119
information continue 119
instance restreinte 119
intelligence artificielle ... 142

matrices 54, 55, 80, 90, 93, 97, 98, 100, 113, 114, 141
mémo 32
mémos 9, 28, 34, 49, 50, 51, 52, 54, 58, 80, 89, 120
modèle paradigmatique . 46
NUD*IST 77, 81, 90, 94, 100, 103, 105, 143, 146
nuisance attractive 59
NVIVO 89, 90, 93, 94, 95, 96, 100, 105, 143
originalité 72
QDA Miner 89, 93, 94, 95, 96, 103, 121, 124, 128
qualité 70

récit 10, 11, 128, 132
réduction ... 9, 33, 55, 58, 102
représentants 115, 119
résonnance 72
restructurations 119
saturation 28, 33, 34, 35, 37, 108, 121
sensibilité théorique 43, 44, 53
sujets sensibles 119
technique volte-face 44
temps de travail 120
unité de texte 40, 105, 107, 108
utilité 72